BEM DE FAMÍLIA

Domingo Pietrangelo Ritondo

BEM DE FAMÍLIA

ELSEVIER

CAMPUS JURÍDICO

Editoração Eletrônica
SBNIGRI Artes e Textos Ltda.

Copidesque
Vânia Coutinho Santiago

Revisão Gráfica
Hugo de Lima Correa

Projeto Gráfico
Elsevier Editora Ltda.
A Qualidade da Informação
Rua Sete de Setembro, 111 — 16º andar
20050-006 — Rio de Janeiro — RJ — Brasil
Telefone: (21) 3970-9300 Fax (21) 2507-1991
E-mail: info@elsevier.com.br
Escritório São Paulo
Rua Quintana, 753 – 8º andar
04569-011 – Brooklin – São Paulo – SP
Telefone: (11) 5105-8555

ISBN: 978-85-352-2903-5

Central de Atendimento
Tel.: 0800-265340
Rua Sete de Setembro, 111, 16º andar – Centro – Rio de Janeiro
E-mail: info@elsevier.com.br
Site: www.campus.com.br

CIP-Brasil. Catalogação-na-fonte.
Sindicato Nacional dos Editores de Livros, RJ

R495b Ritondo, Domingo Pietrangelo
Bem de família / Domingo Pietrangelo Ritondo. – Rio de Janeiro: Elsevier, 2008.

Inclui bibliografia
ISBN 978-85-352-2903-5

1. Bem de família - Brasil. I. Título.

07-4453. CDU: 347.237

O AUTOR

Domingo Pietrangelo Ritondo

É bacharel em Ciências Jurídicas pela UERJ, especialista em Direito Registral pela PUC-Minas e mestre em Direito pela Uniflu, na área de concentração de Relações Privadas e Constituição. Foi Fiscal de Rendas do Município do Rio de Janeiro e, atualmente, exerce a função de Oficial de Registro do Registro Civil de Pessoas Naturais e Interdições e Tutelas do 1º Subdistrito do 1º Distrito de Campos dos Goytacazes.

SUMÁRIO

INTRODUÇÃO

O presente trabalho não tem a pretensão de esgotar a matéria referente ao bem de família, mas tão-somente examinar alguns aspectos desse instituto jurídico, sempre à luz da Constituição da República Federativa do Brasil de 1988, contribuindo para sua melhor compreensão.

Discorrer acerca da importância desse instituto é despiciendo, pois tudo que diz respeito à proteção da família, base da sociedade e fundamento da própria estrutura do Estado, deve ser considerado do mais alto valor.

O bem de família, se adequadamente estruturado, representa um importante meio de assegurar abrigo à entidade familiar, proporcionando-lhe o mínimo necessário à sua subsistência.

A Lei Maior, com seus princípios e valores, provocou uma mudança de interpretação e aplicação do Direito Privado, principalmente na área do Direito de Família. Os diversos segmentos do Direito Civil foram abalados por uma referência normativa de forte conteúdo valorativo. Esse deslocamento do ponto de referência, como não poderia deixar de ser, atingiu também o bem de família, que deverá ser interpretado de acordo com a tábua axiológica da Constituição.

O inciso III do art. 1º da Constituição Federal de 1988 indicou como um dos fundamentos da República o princípio da dignidade da pessoa humana. Tal princípio permeia toda a Constituição e, conseqüentemente, fundamenta também a estrutura familiar, em torno da qual se organiza a sociedade.

Além disso, a interpretação dos artigos constitucionais referentes à família aponta para a inclusão das entidades familiares implícita e explicitamente referidas no art. 226 da Constituição. O conceito amplo de família, encontrado no referido artigo, aboliu qualquer discriminação ou injustiça que as normas de exclusão das constituições anteriores continham.

Por outro lado, o direito fundamental à moradia revela-se como um direito da personalidade, fruto da dignidade da pessoa humana e integrante do mínimo existencial que assegura uma vida digna, sendo um bem irrenunciável e indisponível e não podendo, por isso, sofrer qualquer tipo de violação.

A partir desses e de outros fundamentos encontrados na Constituição, desenvolveu-se a análise do instituto do bem de família, que será apresentada nos capítulos a seguir.

Inicialmente, será feito um breve estudo da família, com exame de sua origem e evolução até os dias atuais, chegando-se a sua concepção pluralista contemporânea.

Posteriormente, o instituto do bem de família será examinado desde a sua origem, na República do Texas, e sua introdução no ordenamento jurídico brasileiro, pelo Código Civil de 1916, até a sua configuração atual no Código Civil de 2002 e na Lei nº 8.009/1990.

Por fim, estudar-se-á o direito fundamental à moradia e sua influência na interpretação, integração e aplicação das normas referentes ao bem de família, assim como a utilização desse direito, juntamente com a ampliação do conceito de entidade familiar, para explicar e justificar a aplicabilidade do instituto do bem de família na proteção do indivíduo que viva de forma solitária.

CAPÍTULO 1

A FAMÍLIA

1.1. A FAMÍLIA NO BRASIL: BREVES CONSIDERAÇÕES

A origem da família somente pode ser objeto de especulações, uma vez que não há uma fonte segura a comprovar o seu nascimento e sua evolução, podendo-se apenas afirmar que a unidade familiar se apresenta como fundamental em todas as sociedades, ainda que primitivas.[1]

Vários teóricos tentaram identificar a origem da família, sem que obtivessem, contudo, uma teoria imune a críticas e controvérsias. O fato é que toda unideterminação deve ser afastada, pois vários fatores, nos diversos continentes, podem ter determinado uma ou outra forma de organização da família, como a religiosidade, a economia ou a moralidade.

Entre essas teorias já elaboradas, contam-se como principais as seguintes:

- teoria da monogamia originária, defendida por zoólogos e etnólogos;
- teoria da promiscuidade primitiva, sustentada por J.J. Bacchofer e outros. Engels[2] identificou a proibição do incesto como fator determinante da formação da família, posteriormente a essa primitiva promiscuidade;
- teoria das uniões transitórias, em que o casal permanece unido por algum tempo após o nascimento do filho.[3]

---

1. Espínola, Eduardo. *A família no Direito Civil brasileiro*. Campinas: Bookseller, 2001, p. 9-10.
2. Engels, Friedrich. *A origem da família, da propriedade privada e do Estado*. Rio de Janeiro: Vitória, 1960, p. 40-41.
3. Miranda, Francisco Cavalcante Pontes de. *Tratado de Direito de Família*. Campinas: Bookseller, 2001, v. 1, p. 62-64.

A evolução a partir de um modelo familiar original também é controvertida.

Considerando que nem todas as sociedades passaram por todos os estágios de evolução, a teoria geral de seu desenvolvimento mais aceita é a que passa da promiscuidade para a poliandria, depois para a poligamia e finalmente para a monogamia.[4]

Em função da variabilidade de sua evolução e da multiplicidade de formas em que se apresenta, o conceito de família não é unívoco, divergindo de acordo com o lugar e com o tempo, alguns entendendo, inclusive, ser expressão insuscetível de conceituação.[5]

A família é um fato natural antes de tudo e não só precede ao Estado e à religião, como é dotada de um dinamismo intrínseco que dispensa um e outra para sua constituição e sobrevivência.[6]

A Declaração Universal dos Direitos do Homem, de 1948, em seu art. XVI, *3*, estabeleceu que *a família é o núcleo natural e fundamental da sociedade e do Estado*. A Convenção Americana sobre Direitos Humanos, assinada em São José da Costa Rica em 1967, no seu art. 17, adotou o mesmo conceito e quase os mesmos termos da Declaração Universal.

Ultrapassando-se a tradicional concepção biológica da família, chega-se a uma perspectiva mais ampla, em que a família deixa de ser um fenômeno natural para assumir um caráter cultural, possibilitando, assim, a sua estruturação.[7]

A família, sem sombra de dúvida, traz consigo uma dimensão biológica, espiritual e social, devendo obrigatoriamente ser compreendida em sua feição ampla, considerando-se os diferentes ramos do conhecimento, tais como a Sociologia, a Antropologia, a Filosofia, a Teologia, a Biologia, a Biotecnologia, a Bioética e o Direito.[8]

---

4. Espínola, Eduardo. *Obra citada*, p. 12.
5. Osório, Luiz Carlos. *Família hoje*. Porto Alegre: Artes Médicas, 1996, p. 15.
6. Villela, João Batista. *Repensando o Direito de Família*. Belo Horizonte: Del Rey, 1999, p. 16.
7. Pereira, Caio Mario da Silva. *Direito Civil – alguns aspectos de sua evolução*. Rio de Janeiro: Forense, 2001, p. 172.
8. Farias, Cristiano Chaves de. "Direito Constitucional à família." *Revista Brasileira de Direito de Família*, ano VI, nº 3, abr-mai 2004. Belo Horizonte: Síntese, p. 7.

O conceito de família, portanto, é necessariamente plural e contemporaneamente considerado como um conjunto[9] formado por um ou mais indivíduos, ligados por laços biológicos ou sociopsicológicos, abarcando desde a família unipessoal (uma só pessoa solteira, viúva, separada ou divorciada), passando pela família monoparental (formada por qualquer dos pais e seus descendentes) e pela família nuclear (formada por duas pessoas de sexo diverso ou não, casadas ou em união estável, com ou sem filhos), até chegar à família formada por pessoas ligadas pela relação de parentesco ou afinidade (a chamada família extensa).[10]

No Brasil, a família foi o grande fator da colonização portuguesa e, sobre ela, o rei de Portugal quase reinou sem governar.

A partir dessa família colonial predominantemente rural ou semi-rural, processou-se a verdadeira formação social brasileira.

O sistema jurídico brasileiro passou por três fases, a saber: a colonial (1500 – 1822), a imperial (1822 – 1889) e a republicana (1889 até os dias de hoje).

As ordenações reais vigeram no Brasil desde a época colonial até 1916, quando entrou em vigor o primeiro Código Civil brasileiro.

A colonização portuguesa no Brasil deixou como herança o seu modelo familiar patriarcal, marcado por uma hierarquia vertical, centrado no casamento, fonte de procriação e concentração da propriedade, lastreado na rígida divisão de papéis familiares e fundado na homogeneidade das crenças. Esse modelo predominou, com alguma mitigação pelo passar do tempo e pela evolução dos costumes, até o século passado.[11]

A primeira Constituição brasileira, de 1824, não tratou de família, referindo-se apenas à família imperial, e adotou o casamento religioso, como reflexo da ligação entre o Estado e a Igreja.

A partir da República, a família passou a ser tema constitucional.

9. Conjunto, de acordo com a matemática moderna, pode constituir-se de um ou mais elementos ou até de nenhum (conjunto vazio).

10. Glanz, Semy. *A família mutante – sociologia e Direito Comparado: inclusive o novo Código Civil*. Rio de Janeiro: Renovar, 2005, p. 30.

11. Freyre, Gilberto. *Casa Grande & Senzala*. São Paulo: Global Editora, 2005, p. 80-85.

A Constituição republicana de 1891 limitou-se a reconhecer somente o casamento civil em seu art. 72, § 4º, dispondo que sua celebração seria gratuita.

O modelo de família encontrado no Código Civil de 1916 era o vigente no período de sua elaboração, ou seja, o da transição do século XIX para o XX, e que, em razão disso, tinha as características originárias do Brasil colônia, correspondente a uma sociedade basicamente rural, em que a família funcionava como unidade de produção e o grande número de seus componentes era importante por traduzir maior força de trabalho.

Nesse modelo originalmente codificado, a mulher e os filhos ocupavam posição inferior em relação ao patriarca na comunidade familiar. O interesse de seus membros era relegado a segundo plano e havia grande preocupação com a continuidade da família. O vínculo matrimonial era indissolúvel e a estrutura familiar era garantida pela proibição do reconhecimento dos filhos extramatrimoniais.[12]

Estigmatizadas pela ilegitimidade, as famílias assim constituídas na marginalidade foram encontrar amparo no bom senso dos tribunais, que jamais deixaram de constatar a inegabilidade de sua existência, garantindo-lhes direitos, apesar de inicialmente fazê-lo através de vias transversas, como, por exemplo, a do reconhecimento da sociedade de fato. Registre-se, ainda, o papel da previdência social, que talvez tenha sido a primeira a reconhecer-lhes oficialmente algum direito.[13]

Outra característica importante da antiga codificação a ser ressaltada é a sua excessiva preocupação com o aspecto patrimonial da família, com clara opção pelo *ter* em detrimento do *ser*,[14] tendo como enfoque a realização da pessoa através da propriedade.

A Constituição de 1934, de cunho mais social que as precedentes, dedicou um capítulo específico à família, nos arts. 144 a 147,

---

12. Carbonera, Silvana Maria. "O papel jurídico do afeto nas relações de família". In: *Repensando fundamentos do Direito Civil contemporâneo*. Luiz Edson Fachin (coord.). Rio de Janeiro: Renovar, 1998, p. 278-279.

13. Barbosa, Heloisa Helena. "Família – casamento – união estável. Conceitos e efeitos à luz da Constituição de 1988." *Revista da Faculdade de Direito*, v. 1, nº 1, 1993. Rio de Janeiro: UERJ, p. 132.

14. Carbonera, Silvana Maria. *Obra citada*, p. 282.

em que estatuiu ser o casamento civil indissolúvel e sua celebração, gratuita, reconheceu o casamento religioso com efeitos civis, determinou a gratuidade do reconhecimento de filhos naturais e estabeleceu o dever da União, além dos Estados e dos Municípios, socorrer as famílias de prole numerosa (art. 138, *d*).

As constituições posteriores mantiveram basicamente os mesmos preceitos da Constituição de 1934, até o advento da Constituição de 1988. A de 1937 acrescentou, no seu art. 126, a igualdade entre os filhos naturais e ilegítimos, além de estabelecer que a infância e a juventude devem ser objeto de proteção por parte do Estado (art. 127).

A Constituição de 1946 praticamente manteve os mesmos dispositivos da Constituição anterior, inovando apenas em relação ao direito sucessório, ao estabelecer, em seu art. 165, um regime especial para sucessão de bens de estrangeiro existentes no Brasil, em benefício do cônjuge ou de filhos brasileiros. As Cartas de 1967 e 1969 em nada alteraram o estabelecido anteriormente em relação à família. A Emenda Constitucional nº 9, de 28/06/1977, trouxe significativa mudança com a instituição do divórcio no Brasil.

O processo de rápido crescimento de áreas urbanas e de industrialização fez desaparecer a grande família da zona rural, modelo moderno de conjugação de parentesco por agnação e por cognação, sob a estrutura unitária de grupos fundados na autoridade dos patriarcas.[15]

A partir da década de 1960 do século XX, a família denominada moderna, em contraposição à patriarcal, passou a ganhar terreno e mudou os contornos da família no Brasil, substituindo a hierarquia vertical pela solidária e compartilhada, centrada no afeto, na igualdade, na liberdade e no desenvolvimento da personalidade humana.[16]

A derrocada jurídica da família patriarcal, após um período de crise ao longo do século XX, deu-se pelos valores introduzidos na Constituição de 1988.[17]

15. Nalini, José Renato. "A família brasileira no século XXI." *Revista de Direito Privado*, nº 1, jan-mar 2000. São Paulo: RT, p. 13.

16 . Mousnier, Conceição Aparecida. "A nova família à luz da Constituição Federal, da legislação e do novo Código Civil." *Revista da Emerj*, v. 1, nº 1. Rio de Janeiro: Emerj, 1998, p. 244-245.

17. Lôbo, Paulo Luiz Netto. "Repersonalização das famílias." *Revista Brasileira de Direito de Família*, ano VI, nº 24, jun-jul 2004. Belo Horizonte: Síntese, p. 137-138.

1.2. A FAMÍLIA NA CONSTITUIÇÃO DA REPÚBLICA DE 1988

A Constituição de 1988 trouxe diversas inovações, principalmente na área do Direito de Família. O art. 1º, inciso III, indicou como um dos fundamentos da República o princípio da dignidade da pessoa humana. Tal princípio permeia toda a Constituição e, conseqüentemente, fundamenta também a estrutura familiar.

O princípio da solidariedade, de crucial importância para a família constitucionalizada, encontra-se na Constituição Federal, art. 3º, inciso I, e não deve ser encarado apenas como um vago programa político, devendo ser levado em conta, tanto na elaboração da legislação ordinária e na execução das políticas públicas, quanto na interpretação e aplicação do Direito. Nesse ponto, verifica-se claramente a opção adotada pela atual Constituição, francamente oposta ao individualismo reinante nas codificações.[18]

Os princípios da igualdade e da liberdade, positivados na Constituição Federal, arts. 3º e 5º, trouxeram novos parâmetros para a formação das famílias. Os papéis de seus integrantes passaram a ser desempenhados de forma compartilhada, e a realização pessoal de cada um de seus membros ganhou maior importância, fazendo com que o vínculo jurídico cedesse espaço à verdade socioafetiva, conforme tem defendido boa parte da doutrina, como, por exemplo, Maria Berenice Dias[19] e Rosana Amara Girardi Fachin.[20]

A noção do afeto, como elemento concreto a ser considerado nas relações de família, foi ingressando na esfera jurídica a partir do momento em que o indivíduo passou a ocupar uma posição central no Direito de Família, como de resto ocorreu em todo o ordenamento;[21] a vontade de se unir a outra pessoa e de permanecer junto a

18. Moraes. Maria Celina Bodin de. "O princípio da solidariedade." *In: Os princípios da Constituição de 1988*. Rio de Janeiro: Lumen Júris, 2001, p. 169-190.

19. Dias, Maria Berenice. *Conversando sobre o direito das famílias*. Porto Alegre: Livraria do Advogado, 2004, p. 19-20.

20. Fachin, Rosana Amara Girardi. *Em busca da família do novo milênio*. Rio de Janeiro: Renovar, 2001, p. 80-82.

21. Carbonera, Silvana Maria. "O papel jurídico do afeto nas relações de família." In: *Repensando fundamentos do Direito Civil contemporâneo*. Luiz Edson Fachin (coord.). Rio de Janeiro: Renovar, 1998, p. 290-297.

ela revelou-se um elemento de grande importância para a constituição ou dissolução do vínculo familiar.

A análise dos dispositivos constitucionais referentes à família conduz à observação das seguintes características:

- a proteção do Estado aplica-se a qualquer tipo de família;
- são privilegiados os interesses pessoais dos integrantes da família em detrimento dos interesses patrimoniais;
- destaca-se a proteção integral da criança e do adolescente;
- a família é concebida com base nos princípios da liberdade e igualdade, tanto entre os cônjuges como entre os filhos;
- o ambiente familiar torna-se o espaço de realização pessoal e da dignidade humana de seus membros.[22]

O exame da Constituição Federal, arts. 226 a 230, mostra que o centro da tutela constitucional deslocou-se do casamento para as relações familiares, dele decorrentes ou não. A milenar proteção da família, como instituição, unidade de produção e reprodução de valores culturais, éticos, religiosos e econômicos, dá lugar à tutela que privilegia sobretudo a dignidade de seus membros.[23]

A Constituição Federal de 1988 operou uma mudança de paradigma, do individualismo para a solidariedade social. O Código Civil de 2002 manteve, ainda, forte presença dos interesses patrimoniais sobre os pessoais, apesar de apresentar, em termos numéricos, uma proporção maior de artigos voltados predominantemente para os indivíduos integrantes das relações familiares e direcionados para *despatrimonialização* do Direito de Família. Qualitativamente, porém, pode-se observar que muitos dispositivos do atual Código Civil for malmente tutelam direitos pessoais e, no entanto, mascaram os interesses patrimoniais prevalentes.

É certo que as relações de família também têm natureza patrimonial, todavia, quando os interesses patrimoniais passam a ser determinantes, desnaturam a função da família como ambiente de realização da dignidade da pessoa na convivência e na solidariedade afetiva. Nesse sentido, destaca-se o fato de o Código manter a

22. Lôbo, Paulo Luiz Netto. "Repersonalização das famílias." *Revista Brasileira de Direito de Família*, ano VI, nº 24, jun-jul 2004. Belo Horizonte: Síntese, p. 143-144.
23. Tepedino, Gustavo. *Temas de Direito Civil*. Rio de Janeiro: Renovar, 2004, p. 397.

primazia da família constituída a partir do casamento (80 dos 273 artigos tratam do casamento), sem referência às demais entidades familiares na parte destinada aos direitos pessoais. Tal hegemonia da família formada pelo casamento, que ainda resulta da concepção individualista liberal da unidade política e econômica de preservação do patrimônio familiar, produz um descompasso em relação aos princípios constitucionais de liberdade, igualdade e dignidade da pessoa humana.[24]

A interpretação dos dispositivos do Código Civil de 2002 deve ser realizada à luz da Constituição Federal, uma vez que o ordenamento jurídico é unitário. A Constituição é fundamento de todo Direito, inclusive do ordenamento jurídico-privado, que, não obstante, preserva a sua autonomia. O Direito Constitucional assume perante o Direito Privado singulares funções de garantia, orientação e impulso.[25]

A subordinação do Direito Civil ao Direito Constitucional é imprescindível para a configuração do novo modelo de Direito de Família. Somente assim, pode-se vislumbrar a superação do modelo do Código, com a sua interpretação à luz da Constituição.[26]

Desse modo, a Constituição deve ser compreendida como instrumento de garantia e efetivação dos direitos e liberdades fundamentais da pessoa humana, assegurando-lhe autonomia perante os poderes públicos e voltando-se para a defesa da liberdade, da justiça e da solidariedade.[27]

Isso se reflete nas relações familiares, com a transformação do indivíduo, visto não apenas como objeto de utilidade de uma sociedade racionalista, mas como o titular de interesses próprios.[28]

---

24. Lôbo, Paulo Luiz Netto. "Repersonalização das famílias." *Revista Brasileira de Direito de Família*, ano VI, nº 24, jun-jul 2004. Belo Horizonte: Síntese, p. 148-149.

25. Barbosa, Heloisa Helena. "A família na perspectiva do vigente Direito Civil". In: *Bioética, reprodução e gênero na sociedade contemporânea*. Maria Andréa Loyola (org.) Rio de Janeiro: ABEP, 2005, p. 141-145.

26. Fachin, Rosana Amara Girardi. *Em busca da família do novo milênio*. Rio de Janeiro: Renovar, 2001, p. 67-71.

27. Canotilho, José Joaquim Gomes. *Fundamentos da Constituição*. Coimbra: Coimbra, 1991, p. 83.

28. Garcia, Edinês Maria Sormani. *Direito de família: princípio da dignidade da pessoa humana*. São Paulo: LED, 2003, p. 134.

Nessa linha de raciocínio, o preâmbulo da Constituição, como diretriz de hermenêutica, estabelece que a instituição do Estado Democrático de Direito destina-se a assegurar o exercício dos direitos sociais e individuais, a liberdade, a segurança, o bem-estar, o desenvolvimento, a igualdade e a justiça como valores supremos de uma sociedade fraterna, pluralista e sem preconceitos.

A interpretação de todo o texto constitucional, portanto, deve ser regida pelos princípios da liberdade e igualdade e despida de qualquer preconceito, uma vez que fincada no princípio da dignidade da pessoa humana, motor de propulsão de toda a ordem jurídica brasileira.

Em vista disso, não se pode chegar a outra conclusão senão a de que o rol constitucional de agrupamentos familiares não pode ser taxativo, sob pena de violação dos princípios acima elencados, deixando de fora inúmeras entidades familiares também dignas de proteção jurídica.[29]

1.3. ENTIDADES FAMILIARES: *NUMERUS CLAUSUS* OU *NUMERUS APERTUS*

Há quem diferencie entidade familiar da família, atribuindo uma concepção especial àquela locução e uma geral a essa. No entanto, o entendimento dominante, na doutrina e na jurisprudência, é de que se trata de expressões sinônimas.

A concepção pluralista da família na Constituição de 1988 é evidente, já que o art. 226 elenca de forma explícita, além da tradicional comunidade familiar constituída pelo casamento, a união estável e a entidade familiar formada por qualquer dos pais e seus descendentes, a chamada família monoparental, essas últimas tratadas na Constituição Federal, respectivamente nos §§ 3º e 4º do referido artigo.[30]

29. Farias, Cristiano Chaves de. "Direito Constitucional à família". *R.B.D. de Família*, ano VI, nº 3, abr-mai 2004, p. 10.

30. Leal, Rosemiro Pereira. "Processo e eticidade familiar constitucionalizada." In: *Afeto, ética, família e novo Código Civil*. Rodrigo da Cunha Pereira (coord.). Belo Horizonte: Del Rey, 2004, p. 601.

A partir do pluralismo das entidades familiares, indaga-se se o rol acima apresentado seria taxativo ou não. Verifica-se que o conceito constitucional de família é plural e indeterminado, firmando verdadeira cláusula geral de abertura, pois a Constituição deve ser interpretada de forma a ostentar a máxima eficácia possível, devendo prevalecer a exegese que determine o maior alcance social.[31]

Embora o art. 226 da Constituição seja interpretado predominantemente no sentido de tutelar apenas os três tipos de entidades familiares, explicitamente previstos, muitos civilistas têm um entendimento diverso, dentre os quais destaca-se o professor Paulo Luiz Netto Lôbo, que apresenta vários tipos de composição familiar possíveis, tais quais:

- casal unido pelo laço do matrimônio, com ou sem filhos;
- casal em união estável, com ou sem filhos;
- comunidade monoparental;
- união de parentes e pessoas que coabitam, sem pai ou mãe;
- várias pessoas em convívio permanente, sem laços legais e sem finalidade sexual ou econômica, mas com forte compromisso mútuo;
- uniões homossexuais, com ou sem crianças;
- comunidade afetiva formada com *filhos de criação*, sem laços de filiação natural ou adotiva regular.
- uniões concubinárias, com ou sem filhos;[32]

A esse elenco, poderia ser acrescentada a família unipessoal,[33] que será detidamente estudada no quarto capítulo deste trabalho, cabendo aqui apenas breves considerações.

Buscando-se um paralelismo no Direito Empresarial, observa-se que a figura da sociedade de um só sócio não é novidade no ordenamento jurídico brasileiro. A Lei das Sociedades Anônimas, em

31. Farias, Cristiano Chaves de. "Direito Constitucional à família." *R.B.D. de Família*, ano VI, nº 3, abr-mai 2004, p. 11-13.

32. Lôbo, Paulo Luiz Netto. "Entidades familiares constitucionalizadas: para além do *numerus clausus.*" *Revista Brasileira de Direito de Família*, nº 12, jan-mar 2003. Belo Horizonte: Síntese, p. 41-42.

33. Minow, Martha. *Family matters. Readings on familiy lives and the law*. New York: The New Press, 1993, p. 19-21.

seus arts. 251 a 253, prevê a constituição ou a conversão de companhia em subsidiária integral, tendo como única acionista a sociedade brasileira.

Também no Direito de Família é razoável acolher a idéia da entidade constituída de apenas um componente, compreendendo-se ser o indivíduo – e não a instituição família – o detentor dos direitos na unidade familiar, em razão de sua qualidade e de sua função.

Se, numa concepção contemporânea, inaugurada pela Constituição de 1988, a proteção da família como instituição deu lugar à tutela essencialmente dirigida à dignidade de seus membros, é forçoso admitir a família unipessoal, sob pena de afrontar o princípio da dignidade da pessoa humana e, reflexamente, os princípios da igualdade e solidariedade, que condenam qualquer forma de discriminação.

A especial proteção do Estado, exigida para a família no art. 226 da Constituição Federal, ficaria incompleta se essa proteção não se estendesse, por exemplo, ao filho único que acabasse de perder seus pais, reduzindo-se a sua família a apenas um elemento. Por que não proteger essa família reduzida a um só componente? Sem a menor sombra de dúvida, o órfão, ainda que maior de idade, encontra-se em situação de inferioridade, em relação àquela em que se encontrava antes da morte de seus genitores, já que desprovido do apoio de toda a ordem que os pais poderiam proporcionar-lhe.

O surgimento dessa nova família, chamada unipessoal, formada por uma só pessoa – solteira, separada, divorciada ou viúva mas que mantém um lar próprio, é um fenômeno que se avulta nos dias de hoje e cujas raízes se encontram nas significativas transformações ocorridas na sociedade desde o fim do século passado.

Vários foram os fatores que determinaram o crescimento do número de famílias unipessoais, desde aqueles que optaram por uma vida celibatária, até os que restaram solitários, vítimas de um relacionamento desfeito, por orfandade ou viuvez. Nesse sentido, pode-se observar como o aumento da taxa de longevidade acarretou uma quantidade cada vez mais crescente de viúvos. Além disso, cresceram em número as separações e os divórcios, talvez em função da emancipação feminina. E ainda: é relevante o número de jovens que abandonam o lar original, passando a morar sozinhos, atraídos pelas facilidades da vida urbana e por um desejo cada vez mais presente de independência.

O censo demográfico do IBGE de 2000 revelou dados importantes que confirmam a intensa transformação sofrida pela família brasileira contemporânea. Extraiu-se do anuário estatístico de 2005 do IBGE as informações a seguir, buscando demonstrar o que se afirmou no parágrafo anterior:

- a população urbana subiu para o patamar assustador de 81,25% do total;
- a média de membros por família caiu para 3,5;
- 13,8% dos casais não possuem filhos;
- o percentual de casais com filhos caiu de 60%, em 1990, para 55%;
- no mesmo período acima, o percentual de famílias monoparentais, compostas por mães e seus filhos, cresceu de 22% para 26%;
- em 45% dos lares brasileiros, um dos pais ou ambos estão ausentes;
- os solitários aumentaram de 7,3% para 8,6%;
- a taxa de fecundidade baixou de 5,8 filhos na década de 1970 para 2,3 filhos;
- a vida média do brasileiro subiu para 64,6 anos;
- há 97,2 homens para 100 mulheres;
- o brasileiro está casando menos e mais tarde.[34]

Os dados acima demonstram que o modelo tradicional de entidade familiar do antigo Código Civil não é capaz de refletir a nova família contemporânea, que vem se adaptando a um novo paradigma, fundamentado, primordialmente, na qualidade das relações interpessoais e nos interesses de seus membros.

Trata-se, sem dúvida, de uma nova família, apresentada sob múltiplos arranjos e sem a rejeição a certos modelos, como ocorria no passado: ela é menor, nuclear, menos hierarquizada e a mulher

34. Brasil. Instituto Brasileiro de Geografia e Estatística. *Anuário estatístico do Brasil*. Rio de Janeiro: IBGE, v. 65, 2005, p. 2 (14-37).

mais dignificada profissionalmente. A redução da taxa de nascimentos é justificada, entre outras razões, pelo interesse em dar maior atenção aos filhos.

Ressalta-se, ainda, o fato de que a família vem perdendo sua função de unidade econômica, na medida em que se priorizam as dimensões pessoais e a afetividade de seus integrantes, em detrimento da importância financeira que lhes era outorgada.

Em razão dessas transformações, a família constitucionalizada direciona-se para interesses de cunho pessoal ou humano, conduzindo-se para sua repersonalização, sem, contudo, retornar ao individualismo liberal, que tinha como enfoque a realização da pessoa através da propriedade.[35]

A sociedade contemporânea aberta, plural, dinâmica, multifacetária e globalizada não permite mais um sistema familiar fechado, pois o modelo estatal para as organizações familiares atentaria contra a dignidade da pessoa humana, contra a realidade social e contra os avanços alcançados na atualidade, com a evolução da idéia de *família-instituição* para uma nova percepção da família, vista como um instrumento (*família-instrumento*) de desenvolvimento da pessoa humana, prevalecendo, dessa forma, um modelo familiar que busca, sobretudo, a felicidade (eudemonista).[36]

Não obstante os argumentos acima, ainda é dominante, entre os civilistas, a concepção fechada nos três tipos de entidades familiares explicitados na Constituição Federal, já mencionados anteriormente.

Relevante se faz constatar que o não reconhecimento atual dos demais tipos de entidades familiares (não explicitados na Constituição) se deve não à omissão do texto constitucional, mas sim a uma interpretação restritiva e equivocada que lhe tem sido dada.

Ao se analisar, no entanto, de forma mais minuciosa os preceitos constitucionais referentes à família, concluir-se-á que eles incluem

35. Lôbo, Paulo Luiz Netto. "Repersonalização das famílias." *Revista Brasileira de Direito de Família*, ano VI, nº 24, jun-jul 2004. Belo Horizonte: Síntese, p. 138-139.

36. Farias, Cristiano Chaves de. "Direito Constitucional à família." *Revista Brasileira de Direito de Família*, ano VI, nº 3, abr-mai 2004. Belo Horizonte: Síntese, p. 16-18.

outras entidades familiares, apesar de não o fazerem de maneira explícita.

O *caput* do art. 226, por exemplo, não faz referência a qualquer tipo de família, como ocorria nas constituições anteriores. Ao ser suprimida a locução *constituída pelo casamento* (art. 175 da Constituição de 1967-1969), sem substituí-la por outra similar, pode-se interpretar, pois, que todas as espécies de famílias tenham sido contempladas.

Cumpre ressaltar que a referência a tipos determinados de entidades familiares nos parágrafos do citado artigo objetiva tão-somente lhes atribuir certas conseqüências jurídicas, o que não implica uma eventual reintrodução da cláusula de exclusão.

A proteção dada à família não se dirige à instituição, como valor autônomo, mas às pessoas humanas que a compõem. Entretanto, outrora, a finalidade da norma era reprimir ou inibir as famílias tidas como *ilícitas*, ou seja, aquelas não-compreendidas no modelo legal único (matrimonializado). Dessa forma, podia-se observar uma legislação relativa à família voltada essencialmente para a manutenção da paz doméstica, baseada na noção de ser essa família fundada no casamento um bem em si mesmo, o que a elevaria a uma categoria de instituição essencial.

Hoje, não há mais essa hegemonia e o *caput* do art. 226 é *cláusula geral de inclusão*, abarcando qualquer tipo de organização familiar, desde que preencha os requisitos de afetividade, estabilidade e ostensibilidade.

O sentido do termo *também*, na regra do § 4º do art. 226, da Constituição Federal, apresenta o significado de *igualmente, de inclusão de um fato sem a exclusão de outros*. Parece ser esse o melhor entendimento para a norma, pois, havendo dois sentidos possíveis para ela, deve ser prestigiado o que se coadune com o princípio da dignidade da pessoa humana, sem desconsideração das entidades familiares encontradas na realidade, mas não contempladas de forma explícita no texto constitucional.

Assim sendo, infere-se que as entidades familiares explicitadas nos parágrafos do art. 226 são meramente exemplificativas. Dessa forma, as demais organizações familiares incluem-se implicitamente no conceito amplo e indeterminado de família, encontrado no *caput* do referido artigo. Trata-se, portanto, de tipo aberto, cuja concretização se vincula à realidade social.

Os preceitos dos arts. 227 e 230 fazem referência à família de forma ampla, ou seja, sem tipificá-la, colocando em destaque o interesse das pessoas que a integram. A longa tradição das constituições anteriores, preferencialmente protetoras da família como instituição e base do próprio Estado e da organização política, social, religiosa e econômica, foi, portanto, quebrada pela Constituição de 1988: altera-se, assim, o foco para as pessoas integrantes da entidade familiar e a família passa a configurar, hoje, menos aquela que detém direitos e mais a que é encarregada de deveres.

A proteção da família é uma fase intermediária para obtenção da meta final desejada de realização existencial e afetiva das pessoas. Tal proteção deve servir de instrumento para satisfazer os indivíduos que compõem a entidade familiar.

Ao abandonar o casamento como único tipo de família juridicamente tutelada, a Constituição abdicou dos valores que justificavam a norma de exclusão, passando a privilegiar a afetividade e, conseqüentemente, a realização pessoal dos integrantes das entidades familiares.

A interpretação dos artigos constitucionais referentes à família aponta, portanto, para a configuração da cláusula de abertura, pois as entidades familiares explícitas e implícitas enquadram-se no conceito amplo do *caput* do art. 226. A referência à família tem sentido de princípio ou origem, devendo ser aplicada a todos os tipos que lógica e necessariamente dela derivam. O conceito irrestrito de família, encontrado no referido artigo, aboliu qualquer discriminação ou injustiça que as normas de exclusão das constituições anteriores continham.

Destaca-se ainda que tal compreensão se mostra condizente com o princípio segundo o qual devam ser privilegiados instrumentos interpretativos a fim de garantir maior eficácia à norma constitucional, imprimindo-lhe, assim, maior amplitude, por meio da inclusão de todas as entidades familiares.

E mais: o conceito irrestrito de família reforça-se ainda mais pelo fato de a discriminação somente ser admitida quando prevista de forma expressa no texto constitucional. De fato, verifica-se que, se a Constituição não discrimina, o intérprete ou o legislador infraconstitucional não poderá, em hipótese alguma, fazê-lo.[37]

A consagração legal desse entendimento, de forma expressa, veio com a definição de família trazida pela recente Lei nº 11.340, de 7 de agosto de 2006, que trata da violência doméstica e familiar contra a mulher, em seu art. 5º, inciso II, quando dispõe, *in verbis*:

> *Art. 5º Para os efeitos desta Lei, configura violência doméstica e familiar contra a mulher (...):*
>
> *I – (...);*
>
> *II – no âmbito da família, compreendida como a comunidade formada por indivíduos que são ou se consideram aparentados, unidos por laços naturais, por afinidade ou por vontade expressa.*

Tal definição, como facilmente se pode constatar, engloba grande parte das entidades familiares não relacionadas expressamente na Constituição Federal de 1988. Não está aí incluída a família unipessoal, não porque o legislador tenha desconsiderado esse tipo de entidade familiar, mas porque obviamente a violência doméstica e familiar pressupõe a atuação de no mínimo duas pessoas.

---

37. Lôbo, Paulo Luiz Netto. "Entidades familiares constitucionalizadas: para além do *numerus clausus.*" *Revista Brasileira de Direito de Família*, nº 12, jan-mar 2003. Belo Horizonte: Síntese, p. 43-52.

CAPÍTULO 2

O BEM DE FAMÍLIA

2.1. A CONSTRUÇÃO DO CONCEITO

O bem de família é um instituto que teve sua origem na edição do *Homestead Expedition Act*, de 26/01/1938, na República do Texas, tendo como objeto, inicialmente, a pequena propriedade residencial agrícola familiar.

Homestead significa local do lar e foi criado com o intuito de resguardar a família dos percalços de ordem econômica, de modo a garantir-lhe o mínimo necessário à sobrevivência.

A grande depressão econômica ocorrida nos Estados Unidos entre 1837 e 1839, resultante de uma desenfreada atividade especulativa financiada pelos bancos europeus, que vislumbraram a possibilidade de vastos lucros no novo mundo, foi o fato que desencadeou a preocupação do legislador texano com o pequeno proprietário e culminou com a edição da lei referida.

Esse instituto, em razão do seu relevante conteúdo social, consubstanciado na proteção da família, *celula mater* de toda a sociedade, espalhou-se por todo o território norte-americano. Em pouco tempo transpôs os limites da América do Norte, sendo recepcionado por todas as legislações do mundo ocidental, que o adotaram com as adaptações devidas, alçando-o à condição de instrumento de combate à sucumbência da entidade familiar em face do domínio econômico, procurando evitar com isso a falência do próprio Estado.[1]

O jurista americano Rufus Waples conceituou o *homestead* como *a residência da família, possuída, ocupada, consagrada, limita-*

1. Santos, Marcione Pereira dos. *Bem de família: voluntário e legal*. São Paulo: Saraiva, 2003, p. 7.

da, impenhorável e, por diversas formas, inalienável, conforme o estatuído em lei.[2]

Na tentativa de identificar a natureza jurídica do bem de família, inicialmente se buscou uma correspondência com a transmissão de propriedade, onde o instituidor representaria o transmitente e a entidade familiar a adquirente. Miguel Maria de Serpa Lopes rechaçou tal orientação, sustentando não ser possível atribuir à família uma *personalidade coletiva,* visto que tal hipótese levaria à identificação do bem de família com um direito real sobre coisa alheia, com dois titulares distintos e opostos, contrariando a realidade, que é a confluência de vários titulares sobre a mesma coisa. Ao revés, o autor compreende o referido instituto como uma forma singular de condomínio.[3]

Caio Mário da Silva Pereira, por sua vez, discorda desse entendimento ao afirmar que nenhum membro do grupo familiar é possuidor de uma quota ideal do imóvel, concluindo que o bem de família representa uma forma de afetação de um bem a uma finalidade específica, um patrimônio com destinação própria.[4]

Elias P. Guastavino afirma que o imóvel afetado ao regime do bem de família é um patrimônio especial que se distingue do patrimônio geral de seu titular por sua função e pelas normas que a lei dita para sua proteção.[5] Parece ser esse último o melhor posicionamento.

Deve-se observar que o bem de família envolve direitos, não se confundindo com o imóvel residencial sobre o qual eventualmente incide. Esse conjunto de direitos, ao recair sobre determinada residência, transforma-se em qualidade dela. Além de ser atributo que se agrega ao imóvel residencial da entidade familiar, o bem de família representa ainda uma restrição ao direito de propriedade, uma vez

2. Waples, Rufus. *A treatise on homestead and exemption*. Chicago: Th Flood, 1893, p. 1.

3. Lopes, Miguel Maria de Serpa. *Tratado dos registros públicos*, V. II. Rio de Janeiro: Freitas Bastos, 1996, p. 186-187.

4. Pereira, Caio Mário da Silva. *Instituições de Direito Civil*, v. 1. Rio de Janeiro: Forense, 1999, p. 311.

5. Guastavino, Elias P. *Derecho de familia patrimonial – bien de familia*. Buenos Aires: Bibliografica Omeba, 1962, p. 264-265.

que o titular do bem perde boa parte do poder de dispor do seu domínio, passando a possuir um imóvel relativamente inalienável.[6]

Sob outro aspecto, o bem de família é também uma exceção ao princípio geral do Direito das Obrigações que impõe a sujeição de todo o patrimônio do devedor para solução de suas dívidas perante credores.

O exame das legislações americanas, referentes ao instituto jurídico do *homestead*, mostra presença constante de certos requisitos básicos para a caracterização do bem de família, tais como: 1. a existência de um direito sobre o imóvel residencial objeto da restrição, como a propriedade, o usufruto, a locação ou outro; 2. a necessidade de que o titular desse direito seja chefe de uma família; 3. a ocupação efetiva do imóvel pela entidade familiar. Ao lado das básicas, acrescenta-se uma condição acidental, que é a publicidade, destinada à ciência de terceiros.

De fato, havia, então, duas formas de *homestead*: a primeira que exigia publicidade (feita junto ao Registro de Imóveis, dando origem ao bem de família formal) e a segunda que não exigia qualquer publicidade, além da simples ocupação do imóvel nas condições apontadas (*homestead* legal ou de direito).

O instituto do *homestead* nunca foi intocável em relação aos tributos que gravavam o imóvel, pois consistia em uma isenção referente a execuções e penhoras decorrentes de apenas certas dívidas, não estando aí incluídas as dívidas por impostos, as provenientes de empréstimos para constituição do *homestead* e as relativas a construções, consertos, reparos e obras no imóvel objeto do bem de família.

Atualmente, as bases do instituto do bem de família – traçadas na antiga República do Texas, hoje incorporada aos Estados Unidos da América – permanecem vivas na legislação americana, cabendo ressaltar que o *homestead* sofreu poucas alterações em sua estrutura no decorrer desses anos.[7]

---

6. Credie, Ricardo Arcoverde. *Bem de família: teoria e prática*. São Paulo: Saraiva, 2004, p. 5-6.
7. Azevedo, Álvaro Villaça. *Bem de família com comentários à Lei nº 8.009/1990*. São Paulo: RT, 2002, p. 24-25.

No Brasil, a inserção do instituto se deu de forma problemática, após a apresentação e rejeição de vários projetos de lei visando à sua regulamentação, antes que fosse adotado no Código Civil de 1916.

Entre nós, a primeira discussão acerca do assunto deveu-se ao deputado baiano Leovigildo Filgueiras, que, em 1893, apresentou ao Congresso Nacional o Projeto de Lei nº 10, que continha dispositivos similares àqueles encontrados no instituto americano do *homestead*.

Esse projeto foi examinado pela Comissão de Constituição, Legislação e Justiça da Câmara, que, em 15 de junho de 1893, concluiu por se aguardar a discussão a respeito do projeto de Código Civil. No entanto, como o projeto de Código Civil de Coelho Rodrigues não foi aceito, o Projeto de Lei nº 10 nunca chegou a ser discutido na Câmara.

O projeto de Coelho Rodrigues, em seus arts. 2.079 a 2.090, buscava tratar do assunto sob o título *constituição do lar de família*, que se inseriu no capítulo referente ao direito de família, mas não foi aceito pelo governo provisório representado pelo então ministro Campos Salles. Em razão disso, a matéria sequer foi discutida no Congresso Nacional.

Em 5 de outubro de 1903, o deputado paulista Francisco de Toledo Malta apresentou à Câmara dos Deputados o Projeto de Lei nº 249, que procurava isentar da penhora o imóvel rural, mas também não teve andamento, depois de apreciado pela Câmara.

Uma nova tentativa de regulamentação do *homestead* ocorreu em 1910, com a proposição do projeto de Código Civil para o Distrito Federal por parte do então ministro da Justiça Esmeraldino Bandeira. Esse projeto chegou a ser aprovado através do Decreto nº 8.332, de novembro de 1910, regulamentando a *isenção de penhora* no seu art. 867. Não obstante essa aprovação, a execução do referido Decreto nº 8.332 foi suspensa pelo Decreto nº 8.435, de 14 de dezembro de 1910, que determinou o aguardo do pronunciamento do Congresso Nacional, que efetivamente acabou não ocorrendo.

O projeto de Código Civil de Clóvis Bevilaqua não contemplava o instituto em exame. No entanto, a Comissão Especial do Senado, presidida por Feliciano Penna, em 1º de dezembro de 1912, apresentou parecer mandando incluir os quatro artigos que, ligeiramente modificados, passaram a constituir os arts. 70 a 73 do Código Civil de 1916.[8]

Diante desse histórico, pode-se verificar que os percalços por que passou a inserção do instituto do bem de família no ordenamento jurídico brasileiro, que demonstram de forma clara como a questão foi mal encaminhada na sua origem e cercada por dúvidas e imprecisões, resultaram na sua ineficácia.

Apesar de reconhecida, de forma geral, a sua importância, lamentavelmente o instituto teve pouca utilização prática. São apontadas diversas causas para esse fracasso: a proteção limitada ao imóvel não atinge todas as famílias, mas somente as que possuem bens de raiz; o desconhecimento acerca da existência desse sistema de proteção; a dependência de iniciativa do protegido; e a escassez de facilidades fiscais e financeiras a favor das famílias menos abastadas.

O Decreto-Lei nº 3.200, de 19 de abril de 1941, procurou criar condições favoráveis ao desenvolvimento da instituição, por meio de isenções e facilidades fiscais, além de mútuos para aquisição de imóveis para domicílio da entidade familiar.

Com a unificação do processo civil, que até então era matéria de competência estadual, foi editado o Decreto-Lei nº 1.608, de 18 de setembro de 1939, que regulamentou o procedimento a ser observado para a instituição do bem de família nos arts. 647 a 651, haja vista que o Código Civil de 1916, por ser norma de direito material, não regulava a matéria procedimental satisfatoriamente.

A Lei nº 6.015, de 31 de dezembro de 1973, regulamentou toda a matéria referente ao procedimento de instituição do bem de família nos arts. 260 a 265, revogando o art. 1.218, VI, do Código de Processo Civil, Lei nº 5.869, de 11 de janeiro de 1973, que mantinha a vigência do Código de 1939 na parte atinente ao bem de família.

A promulgação da Lei nº 8.009, de 29 de março de 1990, representou um grande avanço para o instituto do bem de família, pois afastou uma das razões apontadas para o seu fracasso, definindo a impenhorabilidade do imóvel residencial da entidade familiar, inde-

8. Santos, Marcione Pereira dos. *Bem de família: voluntário e legal*. São Paulo: Saraiva, 2003, p. 58.

pendentemente da vontade de qualquer instituidor. O exame dessa lei será efetuado, ao final, em subtítulo próprio.

O Código Civil de 2002 trouxe inovações substanciais ao instituto, que serão examinadas em separado mais adiante, após o estudo dos dispositivos do Código Civil de 1916 referentes ao bem de família.

Hoje, pode-se definir o bem de família como o direito de isenção relativa à apreensão judicial, que se estabelece por força de lei ou por manifestação de vontade, sobre imóvel urbano ou rural, de domínio do integrante da entidade familiar, residência efetiva desta, que alcança ainda os bens móveis quitados que a guarneçam, ou somente esses em prédio que não seja próprio, além das pertenças e alfaias, e eventuais valores mobiliários afetados e suas rendas.[9]

2.2. O BEM DE FAMÍLIA NO CÓDIGO CIVIL DE 1916

O Código Civil de 1916 implantou o instituto do bem de família convencional ou voluntário, destinado a garantir um lar permanente à família, tornando o imóvel objeto da proteção domicílio limitadamente impenhorável e relativamente inalienável, enquanto forem vivos os cônjuges e até que os filhos completem sua maioridade.[10]

Com base nessa orientação e nos dispositivos do Código, podem-se extrair os elementos integrativos do bem de família abaixo listados, para uma posterior análise individualizada de cada um deles:

a) o chefe de família ou entidade familiar que o constitui;
b) o prédio objeto da constituição, de propriedade do chefe de família ou entidade familiar, e sua destinação ao domicílio da família;
c) a solvência do instituidor, ao ensejo da instituição;
d) a imutabilidade da destinação do bem;
e) a isenção do bem quanto a execuções por dívidas posteriores à constituição;

9. Credie, Ricardo *Arcoverde. Bem de família: teoria e prática*. São Paulo: Saraiva, 2004, p. 21.

10. Azevedo, Álvaro Villaça. *Bem de família com comentários à Lei nº 8.009/1990*. São Paulo: RT, 2002, p. 93.

f) a inalienabilidade do bem sem prévio consentimento dos interessados;

g) a publicidade.

Inicialmente, a doutrina era unânime em afirmar que somente o marido teria legitimidade para instituir o bem de família, por força do Código Civil de 1916, arts. 70 e 233, que dispunham ser ele o *chefe de família* e a ele caber a destinação de um prédio para domicílio da entidade familiar, ressalvando, no entanto, a possibilidade de a mulher fazê-lo se estivesse ela na direção da família, em casos, por exemplo, de viuvez e nas hipóteses dos incisos do art. 251, constantes do mesmo Código.

Com o advento da Constituição da República de 1988, estabeleceu-se a igualdade entre o homem e a mulher no art. 226, § 5º, e no art. 5º, inciso I, o que exigiu nova exegese da legislação ordinária, no sentido de eliminar qualquer prerrogativa na chefia da sociedade conjugal.[11]

Outro entendimento dominante na época da edição do antigo Código residia no fato de que somente à família constituída pelo casamento se deferia o direito de instituir o benefício de ter a sua residência a salvo das execuções por dívidas. Tal entendimento não pôde prosperar após a Constituição de 1988, que reconheceu expressamente, no seu art. 226, §§ 3º e 4º, para efeito de proteção por parte do Estado, a existência de mais duas espécies de entidades familiares: a resultante da união estável e a monoparental, além das implicitamente contidas na cláusula geral de inclusão do *caput* do mesmo artigo.[12]

Também era ponto de divergência a possibilidade de terceiros poderem instituir o bem de família. Miguel Maria de Serpa Lopes considerava possível o alargamento da noção de legitimidade para abranger outros casos, como o de avós que haviam tomado a si a criação de netos, órfãos de pai e mãe, ou moralmente abandonados.[13]

11. Marmitt, Arnaldo. *Bem de família*. Rio de Janeiro: Aide, 1995, p.147.

12. Santos, Marcione Pereira dos. *Bem de família: voluntário e legal*. São Paulo: Saraiva, 2003, p. 81-82.

13. Lopes, Miguel Maria de Serpa. *Tratado dos registros públicos*, v. II. Rio de Janeiro: Freitas Bastos, 1996, p. 189.

Américo Mendes de Oliveira e Castro tinha entendimento contrário, sob o argumento de que a lei não conferiu ao avô essa faculdade especial de instituir bem de família com o patrimônio deixado aos netos. Situações anormais como essa, arrematava o autor, devem possuir autorização legal expressa, como no caso da possibilidade de nomeação de tutor, não tendo os pais exercido essa faculdade (CC/1916, art. 407).[14]

Não obstante os argumentos de parte a parte, o certo é que aos avós não era dado interferir no patrimônio dos netos, tolhendo-lhes o direito com a limitação da disponibilidade dos bens a estes pertencentes. Nem os avós, nem os tutores ou curadores, nem ninguém poderia instituir o benefício com um patrimônio que não era seu. Poder-se-ia defender que qualquer pessoa seria capaz de instituir bem de família, inclusive os avós, contanto que o fizesse em relação a bens do seu próprio patrimônio, por meio de doação ou testamento, mas nunca se utilizando de bens alheios.

Observe-se, porém, que a legislação da época não permitia a criação do benefício por terceiro. O Código Civil de 1916, art. 70, reservava essa atribuição ao chefe de família.[15] No entanto, como se poderá verificar mais adiante, o Código Civil de 2002 evoluiu no sentido de admitir a constituição do bem de família por iniciativa de terceiro, além dos participantes da entidade familiar.

Quanto ao objeto do bem de família, muito se discutiu se ele poderia consistir apenas em um prédio urbano, ou se poderia também ser rural, tendo em vista a lacônica redação do Código Civil de 1916, em seu art. 70. O entendimento que prevaleceu foi o da admissibilidade de aplicação do instituto a ambos os tipos de imóveis. A coroação desse entendimento veio com o surgimento do Decreto-Lei nº 3.200/1941, que previu expressamente tal possibilidade. As leis que se seguiram mantiveram-se nessa mesma linha.

Efetivamente, o que importa não é a situação geográfica do imóvel, mas a utilização que se dá a ele. Se a lei não definiu expres-

---

14. Castro, Américo Mendes de Oliveira e. "Bem de família." In: *Repertório enciclopédico do Direito brasileiro*. Rio de Janeiro: Borsoi, 1947, p. 362.
15. Marmitt, Arnaldo. *Bem de família*. Rio de Janeiro: Aide, 1995, p. 151.

samente o tipo de imóvel a ser onerado pelo bem de família, não é razoável fazer restrições ao uso do instituto, uma vez que a lei visou à proteção da família, reservando-lhe um teto relativamente intocável para servir-lhe de abrigo, enquanto for mantida essa destinação.

Com efeito, a quase totalidade da doutrina considera a imutabilidade da destinação do imóvel utilizado para a fixação da residência da família como condição de existência e validade do *homestead*. Álvaro Villaça Azevedo concorda com esse posicionamento, pois entende que a lei foi clara em exigir tal requisito, citando, em apoio a sua tese, os seguintes autores: Clóvis Bevilaqua, João Luiz Alves, Eduardo Espínola, Marques dos Reis e Washington de Barros Monteiro.[16]

João Manuel de Carvalho Santos, por outro lado, de forma mais flexível, assim se expressa:

> Se o abrigo é para quando a família necessitar, não se justifica que se force a residência no bem instituído antes que a família precise gozar dos benefícios do privilégio; basta que se lhe faculte aproveitar-se do instituto quando necessário. Até lá, pouco importa onde resida a família.

Em outra passagem de sua obra, o mesmo jurista afirma:

> O erro está em supor que a proteção fica vinculada à habitação atual, quando o certo é que deve ser liberalizada à família por ocasião em que precisar utilizar o prédio beneficiado, podendo visar, sem inconveniente, a habitação futura. O benefício não está adstrito ao presente. Garante apenas o futuro. É um ato de previdência; não domina a atualidade.[17]

De fato, podem ocorrer determinadas situações em que o engessamento produzido pelo entendimento dominante vá de encontro aos objetivos do instituto, que é basicamente o de fornecer abrigo aos componentes da família.

A título de exemplo, suponha-se que, premida pela necessidade, a entidade familiar tenha de se deslocar do imóvel objeto do bem

16. Azevedo, Álvaro Villaça. *Bem de família com comentários à Lei nº 8.009/1990*. São Paulo: RT, 2002, p. 114.

17. Santos, João Manuel de Carvalho. *Código Civil brasileiro interpretado*. São Paulo: Freitas Bastos, 1953, p. 197-206.

de família para outro menor e menos dispendioso, utilizando-se dos aluguéis do primeiro para fazer face às despesas do segundo, além de outras de que necessita na vida cotidiana. Tal situação, ocasionada por um eventual desemprego ou outro motivo passageiro, mostra-se provisória e passível de reversão no futuro, razão pela qual não seria justo negar amparo a essa família exatamente no momento em que ela mais precisa, ou, pior, forçar a ocupação do imóvel próprio pela família à custa de um sacrifício desarrazoado. Sendo assim, é de se manter a proteção do bem de família, em relação ao imóvel próprio da entidade familiar, como se lá estivesse ela residindo.

Assim, o mais indicado seria o exame do caso concreto e a comprovação da má-fé na manobra, para que, só então, fosse negado o direito de impenhorabilidade do imóvel ao devedor.

Cabe ressaltar ainda que além da justificação de ordem financeira, outras podem determinar a provisória mudança de domicílio com a firme intenção de retornar às origens, como é o caso do motivo de ordem profissional ou de saúde.

Outro ponto omitido no Código é o relativo à extensão do bem de família, que inicialmente foi considerado pela doutrina como limitado ao indispensável à fixação do domicílio familiar e suas naturais dependências, das quais participariam as benfeitorias necessárias e úteis, sem inclusão das voluptuárias ou suntuosas, nem tampouco chácaras, fazendas, roças, sítios e quintais.[18]

Entretanto, não era esse o melhor entendimento, uma vez que há grande diferença entre uma fazenda e um quintal. Sobre o assunto merece transcrição o que foi escrito por Ferreira Coelho, por estar mais de acordo com os objetivos do instituto:

> As chácaras, rocinhas, sítios, ou ainda outra qualquer dependência do prédio ou casa, domicílio familiar, não podem deixar de ser incluídos no bem de família. Não é a habitação, simplesmente, que o Código afasta da execução por dívidas, compreendem-se também no bem de família as dependências da casa, aquilo que se torna confortável e de onde a família

18. Espínola, Eduardo. *Breves anotações ao Código Civil brasileiro*, v. I. Bahia: Joaquim Ribeiro, 1918, p. 184-185.

> possa tirar proveito: um quintal, onde possa ter-se um jardim, uma horta, um pequeno pomar, um pequeno prado, onde se alimentem alguma vaca e algumas galinhas, são dependências que entram na isenção do bem de família.[19]

Desse modo, o objeto da instituição deve-se amoldar às condições socioeconômicas do instituidor. Desde a mais valiosa até a mais modesta habitação podem ser reservadas para servirem de bem de família. O que importa é sua idoneidade para abrigar a entidade familiar.

Sobre esse aspecto, muito se discutiu a respeito do valor do imóvel objeto do bem de família, entendendo alguns que deveria haver uma limitação, pois o instituto fora criado para proteção dos economicamente desfavorecidos, enquanto outros argumentavam não haver qualquer restrição na lei que autorizasse tal interpretação.

A lei, por sua vez, desenvolveu-se com oscilações entre uma e outra corrente. Não havia limites no Código Civil de 1916. O Decreto nº 3.200/1941 trouxe, em seu art. 19, a impossibilidade de constituição de bem de família de valor superior a cem mil cruzeiros. Tal limite sofreu reajuste por meio da Lei nº 2.514/1955, foi atrelado ao salário mínimo pela Lei nº 5.653/1971, em combate ao efeito erosivo produzido pela inflação, e finalmente foi de todo abolido pela Lei nº 6.742/1979.

A Lei nº 8.009/1990 não fixou valor para o bem de família e o Código Civil de 2002 estabeleceu uma sistemática nova de cálculo que será examinada no próximo subtítulo deste trabalho.

Em relação à solvência do instituidor, ela deve ser verificada ao tempo da criação do benefício. É necessário, portanto, que a higidez patrimonial seja contemporânea à instituição e que esta não produza insolvência. Quem, após o registro do título, incorre em estado de insolvência, não pode ver seu imóvel atingido por qualquer constrição.[20]

---

19. Coelho, Ferreira. *Código Civil dos Estados Unidos do Brasil*. Rio de Janeiro: (s. n.), 1924, p. 516.
20. Pereira, Caio Mário da Silva. *Instituições de Direito Civil*, v. 1. Rio de Janeiro: Forense, 1999, p. 270.

Cumpre observar que não se exige do instituidor prova antecipada de sua solvência, sendo ela presumida, a princípio, para a constituição do bem de família. Somente no caso de ser oferecida reclamação por eventual credor anterior, contra a instituição do bem de família, terá início o procedimento probatório (Lei nº 6.015/73, art. 264), que poderá ter a feição contenciosa judicial, ou se processar administrativamente perante o juiz corregedor, ao qual estiver sujeito o cartório da situação do imóvel.[21]

É certo, então, que a existência de dívidas anteriores não afetam a constituição do bem de família, contando que haja outros bens, à época, capazes de satisfazer essas dívidas. A dúvida que surge e que suscita controvérsias entre os autores é a respeito da possibilidade ou não da utilização do instituto em imóvel hipotecado.

Firma-se pela impossibilidade Milcíades Maria de Sá Freire, por entender ser indispensável a existência de imóvel completamente desonerado, asseverando: "A primeira condição requerida para se constituir a isenção é a existência da família, tal como a compreende o direito civil, seguindo-se a propriedade de um imóvel livre e desembaraçado de qualquer ônus."[22]

Também Eduardo Espínola comunga da mesma opinião, afirmando:

> Do princípio do art. 71 deflui não poder erigir-se bem de família um prédio hipotecado. Demais, é necessário que o patrimônio do instituidor esteja, ao tempo da instituição, em condições de assegurar a plena satisfação de todas as dívidas, não obstante dele se haver segregado o imóvel que se destinou a bem de família.[23]

Da mesma forma, Clóvis Bevilaqua é taxativo, afirmando: "O prédio deve estar livre de hipoteca, e, mais ainda, o patrimônio do devedor, no momento da instituição, deve ser tal que, deduzido o

---

21. Ceneviva, Walter. *Lei dos Registros Públicos comentada*. São Paulo: Saraiva, 1983, p. 566.

22 . Freire, Milcíades Maria de Sá. *Manual do Código Civil brasileiro*, v. II. Rio de Janeiro: Jacintho Ribeiro dos Santos, 1930, p. 601.

23. Espínola, Eduardo. *Breves anotações ao Código Civil brasileiro*, v. I. Bahia: Joaquim Ribeiro, 1918, p. 192.

prédio destinado ao domicilio da família, possa fazer face às responsabilidades."[24]

Não obstante as abalizadas opiniões em contrário, a razão parece estar com J.M. de Carvalho Santos, que assevera:

> Não temos dúvida em admitir a possibilidade da constituição do bem de família em um prédio que esteja já hipotecado, porque não enxergamos em que o ônus que o grava possa ser causa impeditiva daquela instituição, na fase de sua formação. Tanto quanto o simples quirografário, o crédito terá valor apenas como dívida, para o efeito de não respeitar a instituição, se não for paga. Dizer-se que a hipoteca é uma alienação condicional é força de expressão inadmissível, porque, como mostraremos ao estudar as condições, será nula a cláusula que instituir em tais contratos o pacto comissório expresso. Para esses efeitos, pois, a dívida garantida com hipoteca pode ser equiparada à dívida constante de um crédito quirografário, não impedindo, em absoluto, a instituição do bem de família, mas anulando a instituição, se, por ocasião do vencimento, não for paga. E a execução poderá então, quer num, quer noutro caso, recair sobre o prédio do bem de família, com fundamento no parágrafo único do art. 71.[25]

Com efeito, o credor hipotecário já está garantido por seu direito real, que nada sofre com a instituição do bem de família posterior, uma vez que a execução da preexistente hipoteca desconstituiria automaticamente aquele benefício, sem nenhum prejuízo para o credor. Se o imóvel hipotecado pode ser alienado, por que não poderia ser constituído em bem de família? Conclui-se, portanto, que não há qualquer incongruência no procedimento, sendo possível a coexistência de ambos os institutos harmonicamente.

No que diz respeito aos efeitos da instituição do bem de família, o principal é a impenhorabilidade do imóvel objeto do benefício,

---

24. Bevilaqua, Clóvis. *Código Civil comentado*, vol. I. Rio de Janeiro: Francisco Alves, 1956, p. 250.

25. Santos, João Manuel de Carvalho. *Código Civil brasileiro interpretado*. São Paulo: Freitas Bastos, 1953, p. 201.

que estará isento de execução por débitos do instituidor, desde que posteriores ao ato de constituição e não se trate de impostos relativos ao mesmo imóvel: é o que se extrai do Código Civil de 1916, arts. 70 e 71.

Cumpre ressaltar que a referência a impostos como exceção à impenhorabilidade do bem de família parece incompleta, uma vez que pela mesma razão deveriam ser incluídas as taxas e as contribuições de melhoria, por propiciarem ao instituidor benefícios diretos e imediatos sobre o próprio imóvel.

Historicamente, a diferenciação, quanto aos impostos e taxas, como espécies do gênero tributo, vem do começo do regime republicano de 1981, quando Amaro Cavalcanti já distinguia aqueles dois gravames.[26] Para contribuições de melhoria, há textos de leis brasileiras desde 1845. Em vista disso, seria mais acertado se o legislador civil de 1916 tivesse utilizado a palavra *tributos* no lugar de *impostos*. Tal imperfeição foi corrigida por ocasião da entrada em vigor do Código Civil de 2002, que fez a substituição de uma palavra pela outra, além de acrescentar, muito apropriadamente, as despesas de condomínio entre as exceções referidas.

Já ao tempo do Código Civil de 1916, ressaltava-se o absurdo do imóvel ficar a salvo da penhora, apesar do não-pagamento das cotas condominiais, por falta de expressa previsão legal a excepcionar a impenhorabilidade. A doutrina, porém, em relação a essa situação iníqua, foi consolidando o entendimento de que tais despesas deveriam ser consideradas para excepcionar a impenhorabilidade do bem da família, pois se caracterizavam como obrigações *propter rem*.

Nesse sentido, as esclarecedoras palavras de J. Nascimento Franco e Nisske Gondo:

> Mas resta saber se o apartamento é imune à penhora para garantir o pagamento das despesas de administração e manutenção do edifício. Nessa hipótese, entendemos que uma interpretação construtiva e adequada aos objetivos da lei e aos interesses da família, forçosamente, levará à conclusão de que, por exceção, o apartamento pode ser penhorado, se seus titu-

26. Baleeiro, Aliomar. *Direito Tributário brasileiro*. Rio de Janeiro: Forense, 2000, p. 22.

lares não solverem as despesas de condomínio. O art. 70 do CC visa a imunizar o imóvel instituído em bem de família de outras dívidas do beneficiário, mas, evidentemente, não pode excluir aquelas que, como os impostos e as despesas de condomínio, incidem sobre o imóvel e têm por fato gerador a sua própria manutenção. As despesas de condomínio são, antes de tudo, de dívida *propter rem*, de responsabilidade do próprio imóvel, pouco importando quem seja seu proprietário.[27]

É oportuno destacar também outra falha do antigo Código, que ainda persiste no atual: não há previsão legal para a execução do bem de família por dívidas provenientes de construções, consertos, reparos e obras no próprio prédio. Isso é iníquo, pois a lei não pode privar de ressarcimento os credores que proporcionaram esses melhoramentos, sob pena de se contemplar a má-fé e o enriquecimento sem causa.

Um segundo efeito de grande importância é a inalienabilidade do bem de família. O imóvel constrito somente poderá ser alienado com a prévia concordância dos interessados e de seus representantes legais. Esses interessados, de acordo com o art. 72, combinado com o parágrafo único do art. 70, ambos do Código Civil de 1916, são os cônjuges e os filhos menores.

Com o advento da Constituição Federal de 1988, que reconheceu expressamente a união estável como entidade familiar e a equiparou à família formada pelo casamento, para efeito de proteção do Estado, esse rol de interessados deve ser ampliado para incluir também os companheiros.

Quanto aos filhos menores, se o instituidor decidir alienar o bem de família, além da anuência de seu consorte, deverá obter o consentimento deles, que, em virtude da colidência de interesses com os pais, deverão ser representados por curador especial designado pelo juiz, sendo ouvido, ainda, o Ministério Público.

Importante ressaltar que a inobservância dessa determinação, contida no art. 387 do Código Civil de 1916, acarretaria a nulidade ou

27. Franco, J. Nascimento; Gondo, Nisske. *Condomínio em edifícios*. São Paulo: RT, 1987, p. 168-169.

a anulabilidade do ato de alienação, conforme a anuência fosse proferida por absolutamente ou relativamente incapaz, respectivamente.

Alguns autores entendem exigível também a aquiescência dos filhos maiores, por considerarem o fato de integrarem eles a família, apesar da maioridade. Nesse sentido pronunciou-se Antonio Marques dos Reis, afirmando:

> Adquirindo plena capacidade, aos 21 anos, eles continuam, no entanto, até que o último irmão deixe de ser menor, a ter os mesmos direitos sobre o *homestead* que tinham quando menores, continuando assim a ter domicílio no bem impenhorável. Mesmo porque entendemos que o intuito do nosso legislador foi o de garantir mais para os filhos do que para os pais o gozo de um lar livre da adversidade.[28]

A doutrina majoritária, no entanto, seguiu o caminho oposto desse entendimento e firmou-se no sentido de não ser necessário o consentimento do filho maior.

João Manuel de Carvalho Santos, um dos defensores dessa doutrina dominante, rebateu com propriedade a primeira orientação, asseverando:

> Não nos parece, em que pese a douta opinião exposta, que o filho maior tenha que dar o seu consentimento, porque diz este art. 72 que o consentimento deve ser dado pelos interessados, e, no parágrafo único do art. 70, o Código só considera interessados os filhos menores.[29]

É oportuno agora observar que o efeito da inalienabilidade relativa somente se verifica em relação ao bem de família voluntário, que se manteve com a entrada em vigor do Código Civil de 2002, não, porém, em relação ao legal, estabelecido pela Lei nº 8.009, de 29/03/1990, que será adiante estudada em item autônomo neste trabalho.

Um último efeito gerado pela instituição do bem de família reside no fato de não entrar em inventário o prédio objeto do benefício, em virtude do óbito do instituidor, ocasionando uma indivisão a

---

28. Reis, Antonio Marques dos. *Manual do Código Civil brasileiro*. Rio de Janeiro: J. Ribeiro dos Santos, 1929, p. 260.
29. Santos, João Manuel de Carvalho. *Código Civil brasileiro interpretado*. São Paulo: Freitas Bastos, 1953, p. 207.

termo certo, que perduraria enquanto habitassem no imóvel o consorte supérstite ou o filho menor.[30] Essa indivisibilidade era presumida no parágrafo único do art. 70 do Código Civil de 1916 e passou a ser expressa no art. 20 do Decreto-Lei nº 3.200/1941, que assim dispõe:

> Por morte do instituidor, ou de seu cônjuge, o prédio instituído em bem de família não entrará em inventário nem será partilhado enquanto continuar a residir nele o cônjuge sobrevivente ou o filho de menor idade. Num e noutro caso não sofrerá modificação a transcrição.

Para que ocorram todos esses efeitos, é necessário que se constitua o bem de família por meio do registro, provocando a sua publicidade de oponibilidade *erga omnes*, com aptidão para resguardar a boa-fé de terceiros. Assim como a propriedade imóvel, em regra, é adquirida pelo registro, de igual maneira o bem de família produz seus efeitos a partir desse ato jurídico formal e solene. Não se trata de ato declaratório ou de mera notícia, a convalidar fato ou ato jurídico precedente, em que haveria tão-somente a finalidade de comprovar direito preexistente e resguardar a continuidade registral. Sem registro não há falar em bem de família voluntário. O registro tem natureza constitutiva.

Outrossim, o ato de constituição não prescindia de escritura pública (Lei nº 6.015/1973, art. 260), qualquer que fosse o valor do prédio gravado, sendo inaplicável, nesse caso, o Código Civil de 1916, art. 108.

Nesse ponto, divergia a doutrina quanto à possibilidade do bem de família ser constituído por meio de testamento.

Miguel Maria de Serpa Lopes[31] era contrário a tal possibilidade, manifestando-se nos seguintes termos: "Não é admissível a constituição do bem de família por meio de testamento, pois é necessário que o instituidor seja chefe de família. Ora, o testamento só produz efeito *post mortem*, por conseguinte, num momento em que o instituidor já não mais é chefe de família."

30. Santos, Marcione Pereira dos. *Bem de família: voluntário e legal*. São Paulo: Saraiva, 2003, p. 128.

31. Lopes, Miguel Maria de Serpa. *Tratado dos registros públicos*, v. II. Rio de Janeiro: Freitas Bastos, 1996, p. 191-192.

João Manuel de Carvalho Santos comungava da mesma opinião, asseverando que, com a morte do instituidor, os bens eram transferidos imediatamente aos herdeiros por força da *saisine*, desaparecendo, assim, um dos requisitos de constituição do bem de família: a propriedade do imóvel por parte do instituidor. Por fim, acrescentava:

> Nem se objete que as disposições testamentárias valem justamente depois da morte do testador, pois, é preciso não esquecer, que a lei que isso dispõe ressalva, acrescentando, que não valerão as disposições testamentárias que prejudiquem a legítima dos herdeiros necessários.[32]

Em contrapartida, respeitáveis juristas se posicionaram favoravelmente à instrumentalização do instituto por testamento, pois entenderam que corresponderia a uma escritura pública, ainda que se apresentasse na forma particular. Francisco Cavalcante Pontes de Miranda peremptoriamente afirmava: "nada obsta a que se constitua em testamento o bem de família."[33]

Antônio Marques dos Reis, por sua vez, asseverava:

> Desde que o chefe de família determine, por disposição de última vontade, que em seu nome, dele testador, o testamenteiro institua em bem de família um determinado prédio para a mulher e filhos dele testador, claramente estabelecendo que o testamento o faça por escritura pública, e tendo, como tem, o testamento, o valor de escritura pública, está respeitada a exigência da lei e será assim acatada a vontade do testador...[34]

O Código Civil de 2002 se baseou no entendimento da segunda corrente para admitir expressamente a utilização do testamento para a instituição do bem de família, dirimindo definitivamente a controvérsia.

Assim, a concretização do registro exigia um procedimento disciplinado anteriormente pelo Decreto nº 4.857/1939 e pelo Códi-

---

32. Santos, João Manuel de Carvalho. *Código Civil brasileiro interpretado*. São Paulo: Freitas Bastos, 1953, p. 213.
33. Miranda, Francisco Cavalcante Pontes de. *Comentários ao Código de Processo Civil*, v. 3. Rio de Janeiro: Forense, 1949, p. 350.
34. Reis, Antônio Marques dos. *Manual do Código Civil brasileiro*, v. 2. Rio de Janeiro: J. Ribeiro dos Santos, 1929, p. 266.

go de Processo Civil de 1939, nos arts. 647 a 651. A Lei de Registros Públicos passou a regular a matéria a partir de 01/01/1976, quando entrou em vigor. Esse procedimento, previsto na Lei nº 6.015/1973, para fins de aplicação do art. 1.711 do Código Civil de 2002, permanece íntegro, uma vez que o atual Código Civil acertadamente não tratou do assunto, tampouco outros diplomas legais o fizeram.

Desse modo, partindo-se das disposições da Lei de Registros Públicos, pode-se determinar o caminho a ser trilhado pelo título no Cartório por meio do seguinte roteiro:

a) **recepção** – ao ser apresentada a escritura, cumprido estará o princípio da instância, momento em que o oficial passará recibo ao apresentante e imediatamente procederá à prenotação, que é a recepção formal do título apresentado para registro, fixando-se, assim, temporalmente a sua prioridade e a preferência dos direitos reais, conforme disposto na Lei nº 6.015/1973, arts. 182 e 186. Em razão disso, pode-se concluir que os efeitos do registro retroagem à data da prenotação;
b) **autuação** – em seguida, será autuado o instrumento público e os demais documentos, certificando-se, no processo formalizado, o recebimento dessa documentação e numerando-a;
c) **qualificação** – após a protocolização, o oficial disporá de 30 dias para exame formal do título, em seus aspectos intrínsecos e extrínsecos, ressalvados os casos previstos nos arts. 189 e seguintes da LRP. Havendo exigência a ser satisfeita, ela será indicada por escrito, de forma clara, objetiva e de uma só vez, expondo os motivos da eventual recusa do registro. Não se conformando o apresentante com a exigência do oficial, ou não podendo satisfazê-la, poderá ser requerida dúvida a ser dirimida no juízo competente, a teor do que preceituam os arts. 198 e seguintes da Lei de Registros Públicos.
   Como já assinalado, não se exige a prévia comprovação da solvência do instituidor, mediante certidões ou quaisquer outros documentos, presumindo a lei o equilíbrio patrimonial do proprietário do imóvel. Existindo dívidas

anteriores capazes de afetar a solvabilidade do instituidor, não prevalecerá o efeito da impenhorabilidade em relação ao prédio;

d) **edital** – não havendo exigências, sendo estas sanadas pelo interessado ou, ainda, quando o julgamento da dúvida der por sua improcedência, o oficial elaborará o edital a ser publicado de acordo com os requisitos previstos nos incisos I e II do art. 262 da Lei nº 6.015/1973.

Cumpre ressaltar que todas as diligências para redação e publicação do edital são da competência exclusiva do oficial de registro, não podendo ser providenciadas pelo próprio interessado. A determinação legal é clara nesse sentido, impossibilitando a transferência ao particular dessa incumbência, mesmo porque qualquer vício no procedimento poderá acarretar a nulidade do registro e a responsabilização do oficial em face de eventuais execuções judiciais.

A lei é omissa quanto à forma das publicações, não esclarecendo quantas vezes deve ser publicado o edital ou se a divulgação deve ser veiculada em um ou em outro jornal.

A doutrina controverte a esse respeito. Entendem alguns, como, por exemplo, Sílvio de Salvo Venosa, que deverá ser feita apenas uma publicação, por não haver determinação expressa na lei.[35]

No entanto, parece mais razoável utilizar o Código de Processo Civil, por analogia, uma vez que o fim da publicação é levar o fato da instituição ao conhecimento de possíveis prejudicados. A publicação do edital, portanto, deve ser feita no prazo máximo de 15 dias, uma vez no órgão oficial e pelo menos duas vezes em jornal local, onde houver, conforme está disposto no art. 232, inciso III, do CPC.

A exemplo do que ocorre no procedimento de dúvida, abrir-se-á aqui uma nova exceção à regra do art. 205 da Lei de Registros Públicos, que determina a cessação dos efeitos da prenotação em 30 dias, se o título não tiver sido registrado

35. Venosa, Sílvio de Salvo. *Direito Civil*. São Paulo: Atlas, 2003, p. 360.

por omissão do interessado em atender às exigências legais. Tal prenotação vigorará até a efetivação do registro, decorrido o prazo de 30 dias, contados da data da publicação, para reclamar contra a instituição, no caso de alguém se julgar prejudicado pelo ato;

e) **registro propriamente dito** – não havendo qualquer reclamação depois de transcorrido o prazo do inciso II do art. 262 da Lei de Registros Públicos, o oficial levará a termo os registros da escritura, transcrevendo-a integralmente no Livro três e registrando-a na competente matrícula do imóvel objeto da instituição, fazendo-se remissões recíprocas.
Apesar do ato de instituição do bem de família trazer em si as cláusulas de impenhorabilidade e inalienabilidade, seria interessante que ambas fossem averbadas na matrícula, a título de esclarecimento, embora a Lei não o exija.
Para instruir o procedimento, o oficial lavrará certidões referentes aos editais, juntando as respectivas publicações, e certificará que não houve reclamação contra a instituição dentro do prazo legal, razão pela qual foram levados a efeito os registros correspondentes. Em seguida, rubricará e numerará todas as folhas do processo. O eventual desentranhamento de documentos será certificado e, ao final, os autos arquivados em cartório;

f) **ocorrência de dúvida com julgamento de procedência** – com o trânsito em julgado da decisão que acolhe a dúvida, os documentos serão restituídos à parte e o oficial cientificado mediante mandado ou certidão do escrivão, com a certificação da imutabilidade da sentença, para que seja cancelada a prenotação no protocolo;

g) **ocorrência de dúvida com julgamento de improcedência** – o interessado apresentará novamente os seus documentos, com o respectivo mandado, ou certidão da sentença, que ficarão arquivados, para que se proceda ao registro e às anotações no protocolo. Antes, porém, deverá o oficial cumprir o disposto no art. 262 da Lei de Registros Públicos, fazendo publicar os editais na forma acima exposta;

h) **reclamação contra a instituição** – antes de decorrido o prazo de 30 dias, contado da data da primeira publicação do edital, poderá qualquer interessado apresentar reclamação contra a instituição, por escrito e perante o oficial (art. 262, inciso II, da Lei de Registros Públicos).

Poderá ocorrer, no entanto, o encaminhamento da reclamação diretamente ao juiz, que terá de enviá-la ao oficial, para cumprimento das disposições da Lei nº 6.015/1973, art. 264.

Ao tomar conhecimento da reclamação, o oficial fornecerá ao instituidor uma cópia autêntica da peça e lhe restituirá a escritura, com a declaração de haver sido suspenso o registro, cancelando imediatamente a prenotação.

Cabe aqui observar o fato de que a reclamação, mesmo se totalmente infundada ou absurda, produz incontinente o efeito de cancelar a prenotação.

Não obstante a reclamação, poderá o instituidor insistir no registro, que será ou não deferido pelo juiz, por meio de simples despacho administrativo.

No caso de deferimento, a escritura terá reingresso na serventia, para nova prenotação e registros. Essa decisão, por ser administrativa, não faz coisa julgada material, podendo o reclamante, se quiser, intentar ação de rito ordinário para obter a declaração de nulidade dos atos registrais.

Igual direito de demandar terá o instituidor, se o registro vier a ser indeferido, por entender o magistrado que a razão assiste ao reclamante.

Caso especial de bem de família é o que está contido nas disposições do art. 265 da Lei nº 6.015/1973, que trata da instituição do bem de família com a transmissão da propriedade.

O referido dispositivo, combinado com os arts. 8º a 11 do Decreto-Lei nº 3.200/1941, cuida da hipótese em que a aquisição do imóvel, por meio de mútuo para casamento, está legalmente clausulada como bem de família. Trata-se de atos que exigem registros simultâneos na matrícula, impedindo-se sua bipartição.

Cumpre ressaltar que o referido prédio, adquirido através de mútuo para casamento, estará legalmente clausulado como bem de família se a avença aperfeiçoou-se antes do Código Civil de 2002, que revogou o Decreto-Lei nº 3.200/1941 nesse particular.

Em razão de não ser aplicado capital próprio do instituidor para a aquisição do imóvel, mas sim utilizado empréstimo para fins de casamento, é dispensada a publicação dos editais, passando-se imediatamente aos registros.[36]

Depois de constituído pelo registro, trilhando-se um dos caminhos acima apresentados para sua obtenção, o bem de família persiste como tal até a ocorrência de uma das seguintes situações provocadoras de sua extinção:

- pelo requerimento dos interessados e dos seus representantes legais, havendo motivo relevante plenamente comprovado em juízo;
- por falecimento dos consortes e maioridade dos filhos;
- por decisão judicial de acolhimento de pedido proveniente de terceiro interessado;
- se o prédio objeto do benefício deixar de ser domicílio da família, apresentando o legítimo interessado tal fato em juízo.

Acrescentam alguns autores a esse rol de causas extintivas do bem de família a vontade dos interessados e dos seus representantes legais, sem justificativa.

Arnaldo Marmitt compartilha dessa idéia e assim se pronuncia:

> Embora em princípio a isenção perdure durante toda a vida de qualquer componente da entidade familiar e a menoridade dos filhos, de notar, contudo, tratar-se de ato de disposição voluntária. Sendo assim, na instituição feita *sponte sua*, pode ela ser cancelada a qualquer momento, a pedido do instituidor, quando então cessarão os efeitos da inscrição ou do registro.[37]

No mesmo sentido, é o entendimento de Álvaro Villaça Azevedo, afirmando: "Pode, ainda, o bem de família durar até que os interessados resolvam, *motu próprio* ou por via judicial, extingui-lo, nos exatos termos da lei, que serão examinados, mais adiante, quando estudarmos as causas extintivas do instituto."[38]

36. Fioranelli, Ademar. *Direito registral imobiliário*. Porto Alegre: Safe, 2001, p. 27-32.

37. Marmitt, Arnaldo. *Bem de família*. Rio de Janeiro: Aide, 1995, p. 210.

38. Azevedo, Álvaro Villaça. *Bem de família com comentários à Lei nº 8.009/1990*. São Paulo: RT, 2002, p. 126.

Entretanto, não parece ser esse o melhor posicionamento acerca da matéria, porque, embora o bem de família possa ter o ato de sua constituição dependente da vontade do instituidor, o mesmo não ocorre com o ato de sua extinção.

Ademar Fioranelli, discorrendo sobre cancelamento ou revogação do bem de família, coloca muito bem o problema, esclarecendo que:

> A eliminação dependerá sempre de ordenamento judicial. No procedimento, será examinado pelo Juiz julgador se o prédio deixou de ser domicílio da família; se há ou não outros filhos menores ou outro motivo relevante plenamente comprovado. São provas que não poderão ser analisadas pelo Oficial onde inscrita a instituição, por refugir à sua competência.[39]

É o que se infere do disposto no art. 21 do Decreto-Lei nº 3.200/1941, *in verbis*:

> A cláusula de bem de família somente será eliminada, por mandado do Juiz, e a requerimento do instituidor, ou, nos casos do art. 20, de qualquer interessado, se o prédio deixar de ser domicílio da família, por motivo relevante plenamente comprovado.

O mesmo Ademar Fioranelli, mais adiante, acrescenta que o oficial deverá exigir, segundo o que prescreve a Lei de Registros Públicos (art. 250, inciso I), o competente mandado judicial, no qual deverá constar necessariamente o trânsito em julgado da sentença (art. 259 da mesma Lei).[40]

A duração do bem de família estava limitada ao tempo de vida dos consortes e até que os filhos completassem a maioridade, subordinando-se, portanto, a dois termos certos, o primeiro determinável e o segundo determinado.

Assim, mesmo no caso do casal sem filhos, o instituto aproveitaria aos consortes, vitaliciamente. Morrendo um deles, remanesceria o benefício em favor do sobrevivente.

Como se pode observar, esse viúvo teria preservada a impenhorabilidade do seu imóvel, se constituído o bem de família

---

39. Fioranelli, Ademar. *Direito Registral Imobiliário*. Porto Alegre: Safe, 2001, p. 32.
40. Fioranelli, Ademar. *Direito Registral Imobiliário*. Porto Alegre: Safe, 2001, p. 32.

pelo registro quando ainda em vida o seu parceiro, não sendo aceita a constituição após a viuvez.

Essa impossibilidade de constituição do bem de família por parte da viúva sem filhos trouxe à tona duas situações sociais semelhantes e dignas de amparo legal, em razão da vulnerabilidade de ambas: uma em que o casal previdente e bem informado desfrutaria de proteção para seu imóvel por toda a vida; outra em que o casal que não detinha o conhecimento do instituto, ao qual a ignorância não permitiu escolha, não teria o mesmo tratamento por parte da lei.

Tal discrepância se devia ao princípio de que ninguém pode tornar inalienáveis os seus próprios bens, a não ser no caso especialíssimo do bem de família voluntário, por expressa permissão legal.

Em razão dessa excepcionalidade, as possibilidades abertas pela lei à constituição do bem de família deveriam ser consideradas restritivamente, trazendo como conseqüência, para o casal que não agiu no tempo devido, a impossibilidade de se socorrer da lei por ocasião da morte de um deles.

Ocorre, no entanto, como se verá adiante em subtítulo próprio, que o advento do bem de família legal, estabelecido pela Lei nº 8.009/1990, juntamente com uma interpretação de seus dispositivos à luz da Constituição, veio mitigar esses efeitos maléficos, trazendo proteção ao imóvel do indivíduo, independentemente do fato dele fazer parte de um grupo determinado de pessoas e desde que preenchidos certos requisitos impostos na Lei.

O Código Civil de 2002, como será visto mais à frente, ampliou a legitimidade para constituição do bem de família, deferindo-a aos cônjuges, à entidade familiar e até a terceiro. Com isso, todos os integrantes da entidade familiar, ainda que esta se limite a um componente apenas, poderão utilizar-se do instituto, guardadas as condições exigidas em Lei.

Voltando às causas de extinção do bem de família, após essa breve digressão a respeito da situação da pessoa viúva, a nulidade e a anulação do casamento são ocorrências que produziriam esse efeito, quando, então, os ex-cônjuges retornariam ao estado de solteiros. A existência de filhos do casal, porém, não obstante a invalidade do matrimônio, faria com que o benefício perdurasse em relação aos menores até a sua maioridade, subsistindo os efeitos civis do casamento para proteção da prole.

É de ver que a existência de filhos menores manteria o benefício, qualquer que fosse a causa da dissolução da sociedade conjugal, seja por óbito dos cônjuges, separação judicial ou divórcio, além da nulidade ou anulação do casamento.

No que se refere à separação judicial do casal sem filhos menores, controvertia a doutrina sobre a subsistência ou não do bem de família, predominando a posição que mantinha o benefício. Entendendo que a separação judicial não extingue o bem de família, assim se pronunciou Miguel Maria de Serpa Lopes: "Já se tem decidido que, em caso de desquite, o cônjuge desquitado, sendo inocente, tem o direito de residir no bem de família, administrá-lo, bem como usufruir toda renda."[41]

No mesmo sentido, manifestou-se Arnaldo Marmitt: "Na separação judicial o cônjuge inocente geralmente tem assegurado seu direito de permanecer no imóvel instituído em bem de família. Entende-se que em tal hipótese ele poderá continuar a ocupá-lo, cabendo-lhe a administração e a fruição pertinentes."[42]

Francisco Cavalcante Pontes de Miranda, no entanto, tinha entendimento contrário à posição dominante, asseverando:

> Se há desquite judicial, cumpre verificar com quem ficam os filhos, ou com quem fica o filho. Se fica com o instituidor, *tollitur questio*, porque não há pensar-se em eliminação da instituição. Se com o cônjuge do instituidor, idem. Se instituidores foram pai e mãe, a mesma solução impõe-se, e *a fortiori* a discussão sobre quem foi culpado, ou não, é impertinente. Se não há filho, ou não os há incapazes, o desquite do instituidor torna distratável por declaração unilateral de vontade a instituição.[43]

Em relação ao divórcio, a doutrina pendia francamente para o entendimento de que tal fato rompia o vínculo matrimonial e, por isso, extinguia também o bem de família.

---

41. Lopes, Miguel Maria de Serpa. *Tratado dos registros públicos*, v. II. Rio de Janeiro: Freitas Bastos, 1996, p. 195.

42. Marmitt, Arnaldo. *Bem de família*. Rio de Janeiro: Aide, 1995, p. 137.

43. Miranda, Francisco Cavalcante Pontes de. *Comentários ao Código de Processo Civil*, v. 3. Rio de Janeiro: Forense, 1949, p. 94.

Hoje, porém, a questão perdeu totalmente o interesse, uma vez que o Código Civil de 2002, no seu art. 1.721, dispôs expressamente que "a dissolução da sociedade conjugal não extingue o bem de família".

Cabe aqui observar que o casamento ou a união estável do consorte supérstite não seria causa de extinção do bem de família, que ainda persistiria, inclusive para proteção dos que passassem a integrar a entidade familiar.

Quanto à extinção do bem de família provocada por reclamação de terceiro interessado, viu-se, linhas atrás, que, com a publicação do edital exigido pela Lei de Registros Públicos, qualquer interessado que se sentisse prejudicado poderia desencadear um procedimento que resultaria na suspensão do registro e no cancelamento da prenotação.

Insistindo o instituidor no registro, a questão seria levada ao juiz competente da comarca para decisão de deferimento ou não.

Como se pode observar, não se trata verdadeiramente de um caso de extinção do bem de família, uma vez que nem chega a se constituir o benefício, no caso de decisão de indeferimento do ato. O mesmo não ocorreria com uma eventual ação desconstitutiva dos atos registrais, que teria, ao ser deferido o pedido e expedido o mandado de cancelamento do registro pelo juiz, o efeito de extinguir o bem de família.

Por fim, se o prédio objeto do bem de família deixasse de ser domicílio da entidade familiar, geralmente tal fato poderia dar ensejo à extinção do benefício. A assertiva não é absoluta porque, como se afirmou anteriormente, poderiam ocorrer situações excepcionais em que a entidade familiar não firmasse domicílio no imóvel onerado de sua propriedade, mas indiretamente fosse atendida a finalidade do instituto, que é a de proteger os membros familiares das adversidades econômicas, garantindo um teto para o abrigo da família.

Assim, em regra, a não-utilização do imóvel como habitação pela entidade familiar abriria a possibilidade do legítimo interessado requerer ao juiz competente a extinção do bem de família.

2.3. O BEM DE FAMÍLIA NO CÓDIGO CIVIL DE 2002

O atual Código Civil, sob a inspiração da Constituição Federal de 1988, promoveu a reformulação do instituto do bem de família voluntário no Brasil, adaptando-o às exigências do texto constitucional, decorrentes dos princípios da igualdade entre os cônjuges e companheiros e do pluralismo de modelos familiares, entre outros.

As diversas inovações que foram introduzidas pelo Código serão apresentadas no decorrer da análise de cada artigo a ser feita em seguida, sendo importante antes assinalar a mudança topográfica do instituto na Lei, uma vez que o tema deixou de ser tratado na Parte Geral (Código Civil de 1916) e passou a ser contemplado pelo Código Civil de 2002 na Parte Especial (Do Direito de Família), nos arts. 1.711 a 1.722. Tal mudança foi fruto das inúmeras críticas feitas pela doutrina desde a edição do antigo Código, que evidenciavam o equívoco de se colocar a matéria na Parte Geral, tendo em vista sua especificidade.

Feitas essas considerações, o passo seguinte será o exame dos artigos do Código Civil de 2002, referentes ao bem de família, destacando as novidades e os pontos mais relevantes.

A ampliação da legitimidade para a constituição do bem de família (art. 1.711) foi a primeira grande alteração introduzida pelo Código Civil de 2002 e, talvez, a que suscita maiores controvérsias. Hoje, qualquer dos cônjuges ou companheiros e demais integrantes da entidade familiar podem instituir o benefício com seus bens particulares. Quanto a isso não há discussão. Dúvidas há em relação à extensão do significado que se deve dar à expressão entidade familiar.

Zeno Veloso, numa visão mais tradicionalista, apresenta o seguinte entendimento:

> Registre-se que família, para efeito de bem de família, é expressão que se emprega e deve ser compreendida no sentido estrito. Não engloba todos os parentes indicados nos arts. 1.519 e 1.592, nem muito menos, os afins (art. 1.595). A família, de que aqui se trata e se pretende proteger, é a nuclear, abrangendo, apenas, os pais e os filhos, excluindo-se outras pessoas.[44]

44. Veloso, Zeno. *Código Civil comentado*, v. XVII; Álvaro Villaça Azevedo (coord.). São Paulo: Atlas, 2003, p. 74.

Mais adiante, o mesmo autor complementa o seu pensamento, afirmando:

> O bem de família, nos termos de nosso art. 1.711, pode ser instituído pelos cônjuges ou pela entidade familiar. Vale dizer, não apenas a família matrimonializada, mas a que se constitui pela união estável, pode usar da faculdade legal.
>
> No entanto, é preciso observar e dar concretitude ao disposto no art. 226, § 4º, da Constituição Federal: "Entende-se, também, como entidade familiar a comunidade formada por qualquer dos pais e seus descendentes. Aproveitando a lição de Eduardo de Oliveira Leite (*Famílias monoparentais*, Revista dos Tribunais, São Paulo, 1997, p. 221), uma família é definida como monoparental quando a pessoa considerada (homem ou mulher) encontra-se sem cônjuge, ou companheiro, e vive com uma ou várias crianças, observando o autor que a monoparentalidade se impôs como fenômeno social nos últimos anos:
>
> > "Na realidade, a monoparentalidade sempre existiu – assim como o concubinato – se levarmos em consideração a ocorrência de mães solteiras, mulheres e crianças abandonadas. Mas o fenômeno não era percebido como uma categoria específica, o que explica a sua marginalidade no mundo jurídico."
>
> Portanto, o bem de família é um instituto de proteção que pode ser utilizado pelas famílias matrimonializadas, pelas famílias constituídas pela união estável e pelas famílias monoparentais, e, embora o Código Civil não tenha dito isso com a necessária clareza, é uma conclusão inarredável e imposta por uma interpretação conforme a Constituição.[45]

Por outro lado, Álvaro Villaça Azevedo, inadmitindo a taxatividade do elenco apresentado no art. 226 da Constituição de 1988, assevera:

> Entidade familiar tanto pode ser a união estável, protegida como uma das formas de constituição de família, como a

45. Veloso, Zeno. *Obra citada*, p. 78-79.

comunidade formada por qualquer dos pais e de seus descendentes.

Entretanto, essa enumeração de formas de constituição de família não é, nem pode ser taxativa, porque não é a lei que determina como a família deve constituir-se, mas o povo no seu modo de ser espontâneo, vivencial.

Por exemplo, não pode ser negada a condição de entidade familiar a um dos cônjuges ou conviventes, que, após a separação, passe a viver sozinho, estando a guarda dos filhos com o outro consorte ou companheiro. Podem nem existir filhos; pode, também, um filho viver sozinho, ou um viúvo. A célula familiar e o respeito à família devem existir, sempre, ainda que em uma única unidade, como, por exemplo, o celibatário.[46]

Realmente, a interpretação restritiva do significado da expressão *entidade familiar* vai de encontro ao princípio da força normativa da Constituição, segundo o qual a norma constitucional tem capacidade para conformar a realidade social, devendo, portanto, ser privilegiados instrumentos interpretativos garantidores de maior eficácia à norma, imprimindo-lhe maior amplitude.

Tal interpretação legitima-se a partir da constatação de que a proteção da família como instituição deu lugar à tutela primordialmente direcionada à proteção de seus membros, em consonância com o princípio da dignidade da pessoa humana, fundamento da República e base de todo o ordenamento jurídico brasileiro.

Em razão disso, não pode haver outra conclusão senão a de que o rol constitucional de agrupamentos familiares é exemplificativo. O conceito constitucional de família deve ser tomado na sua acepção plural e indeterminada, firmando verdadeira cláusula geral de inclusão e dando à norma constitucional maior eficácia e alcance social possível.

Dentro desse raciocínio, é forçoso admitir mais tipos de entidades familiares que aqueles expressos na Constituição, como, por exemplo, a união de irmãos que coabitam sem a presença dos pais, a

46. Azevedo, Álvaro Villaça. *Comentários ao Código Civil*, v. 19; Antonio J. de Azevedo (coord.). São Paulo: Saraiva, 2003, p. 17.

comunidade afetiva formada por um indivíduo e seu *filho de criação* (sem vínculo jurídico), bem como a família unipessoal, entre outros.

Uma segunda alteração foi a previsão expressa da possibilidade de constituição do bem de família mediante testamento, além da escritura pública, esta já prevista na codificação anterior, pacificando definitivamente as divergências em torno do assunto. Cumpre, ainda, observar que a forma pública somente é exigida para a escritura, podendo o testamento se apresentar na forma particular, com os mesmos efeitos constitutivos após o registro. A não-observância das formalidades exigidas para esses atos conduzirá à nulidade do negócio, a teor do que preceitua o Código Civil de 2002, em seu art. 166, inciso IV.

Outra modificação de grande relevância produzida pelo artigo em exame, depois de deixar claro que os bens a serem afetados devem ser provenientes do patrimônio líquido do instituidor, foi a limitação de valor imposta para que se possa constituir o bem de família, que não poderá ultrapassar um terço do referido patrimônio, existente ao tempo da instituição.

Tal limitação, segundo as lúcidas ponderações de Zeno Veloso, resultará na utilização do instituto apenas por parte dos mais abastados, proprietários de vários prédios. Quem, por exemplo, possuir apenas um imóvel, ou dois de valores equivalentes, não poderá se valer do instituto, a não ser que possua também certa quantidade de bens móveis; quem for proprietário de apenas três imóveis, sem outros bens no seu patrimônio, não poderá instituir o de maior valor, pois o seu preço ultrapassaria a terça parte da soma dos valores de todos.[47]

Dessa forma, verifica-se que o atual Código, nessa parte, desviou-se dos objetos originais do instituto, que era a proteção do pequeno proprietário contra as vicissitudes econômicas, reservando a ele e seus familiares um teto relativamente intocável para servir-lhes de abrigo. Se era para estabelecer uma limitação de valor para o bem de família, seria preferível a sua fixação em termos absolutos como a estabelecida em oportunidades anteriores por outras leis,

47. Veloso, Zeno. *Código Civil comentado*, v. XVII; Álvaro Villaça Azevedo (coord.). São Paulo: Atlas, 2003, p. 79.

evitando-se, assim, o desvio da finalidade principal do instituto e o aprofundamento da sua falta de uso na vida prática.

Em contrapartida, permanecem em vigor as disposições referentes ao *bem de família legal*, que protegem o pequeno, o médio e o grande proprietário indistintamente. Cumpre observar, ainda, que a Lei nº 8.009/1990 e o Código Civil de 2002 coexistem no ordenamento jurídico brasileiro, na forma do art. 5º, parágrafo único, da Lei nº 8.009/1990. Havendo a constituição voluntária do bem de família, na forma do Código Civil de 2002, deixará de incidir a Lei nº 8.009/ 1990, que voltará a ter efeito em caso de desconstituição do bem de família voluntário.

Nesse sentido, o *caput* do art. 1.711 do Código Civil de 2002 ressalva a manutenção das regras sobre a impenhorabilidade regida pela Lei nº 8.009/1990, evitando, assim, qualquer dúvida sobre a vigência ou não dessa Lei após o advento do atual Código Civil.

O parágrafo do art. 1.711 traz outra novidade para o ordenamento jurídico brasileiro, inspirada no Código Civil italiano de 1942. Concede ele a possibilidade de terceiro instituir o bem de família por meio de doação ou disposição testamentária, a depender a eficácia do ato da expressa aceitação de todos os beneficiados. Tal exigência se coaduna com o sistema jurídico existente em matéria de liberalidade, em que não se admite aceitação presumida ou em virtude do silêncio, quando se tratar de doação ou legado feito com restrições (Código Civil de 2002, arts. 539 e 1938).[48]

O *caput* e o parágrafo único do artigo em exame não repetiram o art. 70 do Código anterior, que deixava explícito somente ser possível a instituição de apenas um imóvel em bem de família. Em razão disso, Guilherme Calmon Nogueira da Gama faz a seguinte ilação:

> A regra do parágrafo único, do mesmo dispositivo, ao empregar o advérbio igualmente, cria a mesma limitação quantitativa a respeito da terça parte, no máximo, do patrimônio líquido do terceiro instituidor. Verifica-se importante inovação como a falta de referência a apenas um prédio a título de

48. Alcoforado, Alexandre Guedes. *Novo Código Civil comentado*. Ricardo Fiúza (coord.). São Paulo: Saraiva, 2002, p. 1.522.

objeto do bem de família, o que deve ser interpretado em consonância com outros dispositivos para o fim de se concluir a respeito da possibilidade de instituição de bem de família em mais de um imóvel, desde que todos sirvam para o domicílio da família (casos de mais de um domicílio da pessoa ou das pessoas).[49]

Parece, no entanto, que a generalização da possibilidade de se instituir como bem de família uma pluralidade de imóveis não está de acordo com os objetivos do instituto. A reserva de somente um prédio para abrigar a entidade familiar já é suficiente para satisfazer o seu direito fundamental à moradia, sem necessidade de se incluir um segundo imóvel.

A regra especial, que excepciona a geral de sujeição de todo o patrimônio do devedor para solução de suas dívidas perante credores, deve ser interpretada estritamente. Apesar do Código Civil não se referir de forma expressa a *um prédio,* o art. 1.712 deixa transparecer que se trata realmente de apenas um, quando dispõe que o bem de família *poderá abranger valores mobiliários, cuja renda será aplicada na conservação* ***do imóvel*** *e no sustento da família.* A lei, como se pode ver, não se refere a imóveis, usando o substantivo no singular, inferindo-se daí a impossibilidade de dois ou mais imóveis serem instituídos em bem de família.

Tal posicionamento só seria defensável em casos excepcionais, como, por exemplo, o do casal que decide permanecer unido, porém residindo em locais diversos. Em razão da excepcionalidade e para evitar ilicitudes, seria necessário, nesses casos, intervenção judicial.

Seguindo no exame dos dispositivos do Código Civil de 2002, verifica-se que o seu art. 1.712, a exemplo do Decreto-Lei nº 3.200/1941, deixou explícita a possibilidade de utilização de prédio residencial urbano ou rural para a constituição do bem de família, evitando, assim, as áridas discussões ocorridas no passado.

A referência do dispositivo em exame a pertenças e acessórios significa uma ampliação do entendimento doutrinário, existente à

49. Gama, Guilherme Calmon Nogueira da. *Comentários ao Código Civil brasileiro,* v. 15; Arruda Alvim e Thereza Alvim (coord.). Rio de Janeiro: Forense, 2005, p. 355.

época da vigência do Código Civil de 1916, a respeito do rol de bens abarcados pelo instituto.

Com efeito, encontram-se vários exemplos de pertenças na jurisprudência, entre os quais pode-se listar mobílias, alfaias, eletrodomésticos, como geladeira, máquina de lavar e ar condicionado, aparelhos eletrônicos, como televisão e equipamentos de som, direito ao uso de terminal telefônico e materiais de construção ainda não incorporados ao prédio, entre outros. Para definição do que sejam acessórios, pode-se utilizar o art. 95 do Código Civil de 2002, do qual se infere que se trata de frutos e produtos do bem principal.

Quanto à destinação a ser dada ao imóvel para domicílio familiar, ela se mantém como elemento geralmente essencial à existência e à validade do bem de família.

Muito embora haja opiniões em contrário, deve-se observar que se trata de regra sujeita às exceções apresentadas na seção antecedente, sem as quais poderia haver prejuízo ao principal objetivo do instituto, que é o de fornecer abrigo aos membros da família.

Na parte final do art. 1.712, encontra-se importante novidade trazida pelo Código Civil de 2002: a previsão de que valores imobiliários possam ser abrangidos pela instituição, devendo os frutos civis desses valores ser vinculados à conservação do imóvel e ao sustento da família. Tal vinculação evidencia a impossibilidade de se constituir originariamente bem de família apenas com bens móveis.

Como se pode observar nos comentários ao art. 1.712, os valores mobiliários estão vinculados aos fins especificados nesse artigo e sujeitos, juntamente com imóvel destinado ao domicílio familiar, ao limite de valor de um terço do patrimônio líquido do instituidor à época da constituição. Além dessa limitação geral, incluindo o imóvel e os valores mobiliários, há no art. 1.713 uma outra limitação. Essa limitação direciona-se aos valores mobiliários, que não poderão exceder o valor do prédio constituído em bem de família, ao tempo da instituição.

Ao contrário das pertenças e acessórios, que não serão necessariamente especificados, os valores mobiliários deverão ser obrigatoriamente individualizados no instrumento de constituição do bem de família.

Quanto ao tempo e à forma dessa individualização, controverte a doutrina em torno de dois posicionamentos.

Zeno Veloso, pela corrente majoritária e com base na literalidade do § 1º do artigo em exame, assim se pronuncia: "O instrumento que instituir o bem de família – escritura pública ou testamento –, se for o caso, tem de individualizar os valores mobiliários. Este é um requisito que dá certeza e segurança à instituição."[50]

De outra parte, Álvaro Villaça Azevedo afirma:

> Entendo que, se não forem individualizados no instrumento de instituição do bem de família, poderão ser em instrumento realizado, posteriormente, desde que observadas as formalidades legais pelos instituidores ou, se for o caso, por terceiros, que, individualmente, só com relação a esses valores mobiliários pretendam reforçar o bem imóvel já instituído em bem de família.[51]

Talvez, a maneira de compatibilizar as duas posições referidas, sem violar a lei, seria a desconstituição do bem de família anteriormente representado pelo imóvel isoladamente e sua posterior e imediata constituição em conjunto com os valores mobiliários.

Tal procedimento envolveria uma decisão judicial de desconstituição, além da descontinuidade da instituição, trazendo muitos transtornos ao instituidor e demais interessados, razão pela qual considera-se razoável a feitura de uma escritura de re-ratificação, em que se confirmaria o imóvel em bem de família e incluiria os valores mobiliários, uma vez que não haveria qualquer prejuízo a terceiros, se respeitados todos os requisitos exigidos em lei.

O art. 1.713, § 2º, dispõe acerca dos valores mobiliários consistentes em títulos nominativos, disciplinando que, nesse caso, deverão eles ser registrados em livro próprio. Tal registro, diferentemente daquele relativo à instituição do bem de família, não possui efeito constitutivo, mas apenas o de atribuir publicidade à situação dos valores nos livros respectivos.

---

50. Veloso, Zeno. *Código Civil comentado*, v. XVII; Álvaro Villaça Azevedo (coord.). São Paulo: Atlas, 2003, p. 90.

51. Azevedo, Álvaro Villaça. *Comentários ao Código Civil*, v. 19;. Antonio J. de Azevedo (coord.). São Paulo: Saraiva, 2003, p. 46.

O § 3º do mesmo artigo prevê a possibilidade do instituidor, no caso de não pretender administrar ele mesmo ou em conjunto com o seu consorte os valores mobiliários instituídos em bem de família, deixar essa administração a cargo de uma instituição financeira especializada, podendo ele, ainda, disciplinar a forma de pagamento dos respectivos rendimentos aos beneficiários. Esses rendimentos devem ser utilizados para os fins previstos no art. 1.712. O que sobejar não estará coberto pelo benefício do bem de família. Acrescente-se que, de acordo com a literalidade do parágrafo em exame, a responsabilidade civil dos administradores da instituição reger-se-á pelas regras do contrato de depósito.

Quanto ao art. 1.714, para torná-lo coerente com o art. 1.711, anteriormente examinado, e com a Constituição Federal de 1988, deverá ele ser interpretado de forma a dar legitimidade para instituição do bem de família não apenas aos cônjuges e aos terceiros, mas também aos companheiros e aos demais integrantes das entidades familiares.

O art. 1.714 em foco repetiu o Código anterior, ao estabelecer que a Constituição do bem de família se dá com o registro do título respectivo, deixando de tratar da parte procedimental que envolve a publicação de editais na imprensa.

Em razão dessa ausência, Zeno Veloso trilhou o entendimento de que tal formalidade deixou de ser exigida, assim se pronunciando:

> A Lei nº 6.015/1973 (Registros Públicos), art. 261, previa que, para o registro do bem de família, o instituidor devia apresentar ao oficial do registro a escritura pública de instituição, para que mande publicá-la na imprensa local e, à falta, na Capital do Estado ou do Território. O art. 262 mencionava que a publicação seria feita em forma de edital, apontando o que devia constar neste.
>
> Essa exigência não consta no novo Código Civil, de modo que a lei dos Registros Públicos está revogada, nesta parte. Para que o oficial do registro de imóveis promova o registro do título que instituiu o bem de família, dando a necessária publicidade ao mesmo, não precisa, mais, elaborar e publicar edital pela

imprensa. Uma providencia burocrática (e dispendiosa) a menos. Isso se alguém não achar que a Lei dos Registros Públicos é especial e suas exigências sobreviveriam, apesar da entrada em vigor do Novo Código Civil. Por sinal, as questões de direito intertemporal são, de longe, as mais espinhosas, entre tantas que o operador jurídico tem de enfrentar e resolver.[52]

Entretanto, não parece ser esse o melhor entendimento acerca da matéria. Nesse sentido, cumpre observar que o regime jurídico brasileiro assenta-se, quanto às fontes de direito, na supremacia da lei escrita, que deve efetivamente ter um começo e um fim precisamente determinado. Enquanto não ocorrer um fato que reconhecidamente seja hábil a retirar-lhe a eficácia, independentemente do tempo decorrido, a lei permanece vigente, por força do *princípio da continuidade das leis*, positivado no *caput* do art. 2º da Lei de Introdução ao Código Civil, com o seguinte enunciado: "Não se destinando à vigência temporária, a lei terá vigor até que outra a modifique ou revogue."

Em razão desse princípio, portanto, a lei somente perde a eficácia se houver uma força contrária a sua vigência. Tal força é a revogação, consistente na entrada em vigor de outra lei, com o poder de fulminar a obrigatoriedade da que lhe é anterior.

A revogação pode ser total ou parcial. À revogação total dá-se o nome de *ab-rogação*; a parcial denomina-se *derrogação*. A primeira apaga completamente a eficácia da lei antecedente e a segunda atinge apenas uma parte dela, deixando íntegras as disposições não alcançadas.

Deve-se observar, no entanto, que a cessação da eficácia da lei não se dá unicamente pela revogação, sendo esta a sua causa mais freqüente. O fenecimento da norma pode ocorrer também por trazerem ínsitas o germe de extinção de sua obrigatoriedade. É o caso das leis que já entram em vigor com o estabelecimento de um prazo para a sua vigência: são as chamadas *leis temporárias*, que o são por natureza ou por estabelecerem a temporariedade expressamente.[53]

---

52. Veloso, Zeno. *Código Civil comentado*, v. XVII; Álvaro Villaça Azevedo (coord.). São Paulo: Atlas, 2003, p. 91-92.

53. Espínola, Eduardo. *A Lei de Introdução ao Código Civil brasileiro*. Rio de Janeiro: Renovar, 1999, p. 57-60.

A revogação pode ser, ainda, classificada em expressa ou tácita, a depender da forma de sua atuação. Será expressa (ou direta) a revogação, se houver uma declaração inserta na lei, que fulmine a lei velha, declarando-a extinta em todos os seus dispositivos ou apontando aqueles artigos que objetiva abolir. Essa modalidade é a menos utilizada pelo legislador, apesar de ser a mais pacífica e segura nos seus efeitos.

A revogação tácita (ou indireta) é mais freqüente, porém é a que suscita maiores divergências na doutrina e na jurisprudência, por deixar ao intérprete a pesquisa hermenêutica, na apuração das circunstâncias que envolvem os dispositivos das leis em conflito e na indagação da sua amplitude. Para tal pesquisa, o legislador fixou normativamente e de forma obrigatória regras que norteiam o próprio intérprete, quando se defronta com o problema de investigar se a lei nova, sem menção expressa, revogou a lei antiga ou conservou ambas para que coexistam.

O que serve principalmente de base à revogação tácita é a incompatibilidade entre as disposições da lei nova e da precedente. Não se pode admitir um duplo comando sobre um mesmo assunto em contradição um com o outro, tornando impossível ao aplicador da norma o atendimento a ambas as determinações, já que mutuamente excludentes.

Havendo impossibilidade de coexistência das normas incompatíveis, tudo que se refere à revogação tácita sujeita-se ao princípio genérico segundo o qual prevalece a lei mais recente em detrimento da mais antiga, quando o legislador tenha-se manifestado de maneira contraditória, a teor do que dispõe o § 1º do art. 2º da Lei de Introdução ao Código Civil.

Deve-se observar, no entanto, que nem toda lei posterior derroga a anterior, pois isso somente ocorre se houver uma incompatibilidade entre elas.

Essa incompatibilidade pode resultar da regulação da matéria tratada pela lei anterior de forma completa, o que provoca a ab-rogação desta e sua substituição total pela lei revogadora. Pode também ocorrer incompatibilidade parcial, no caso da lei nova não disciplinar inteiramente a matéria da lei mais antiga, mas apenas parte dela, com um ou mais dispositivos estatuindo diferentemente do que constava na lei anterior.

Verificada a impossibilidade de coexistência dos dispositivos em contradição, por disciplinarem de forma diferente o mesmo assunto, impõe-se a derrogação da lei mais antiga, no que for incompatível com a lei mais recente.

Nesse último caso o esforço hermenêutico é solicitado no seu máximo, uma vez que deve ser pesquisado o objetivo do legislador, para apurar se as normas são realmente incompatíveis, se houve contrariedade dos ditames da lei anterior e conseqüentemente há impossibilidade de coexistência da lei nova com a lei velha.[54]

Na falta da referida incompatibilidade, conviverão ambas, cada qual regulando o que especialmente lhe competir.

Essa convivência não será obstada, se o legislador estabelecer disposições gerais a par das especiais, ou disposições especiais a par das gerais já existentes, porque elas freqüentemente não se mostram incompatíveis. Isso não significa dizer que uma lei geral nunca revogue uma lei especial, ou *vice-versa*, porque nela poderá haver disposições incompatíveis com a regra especial, assim como uma lei especial poderá mostrar-se incompatível com dispositivos constantes na lei geral.

O legislador, no § 2º do art. 2º da Lei de Introdução, objetivou dispor que a generalidade dos princípios de uma lei desta natureza não cria incompatibilidade com a lei de caráter especial. A disposição especial disciplinará o caso específico, sem colidência com a lei genérica, haverá convivência harmônica de ambas e, em conseqüência, poderão vigorar simultaneamente sem qualquer interferência recíproca. Cabe, por fim, ao intérprete verificar se uma nova lei, geral ou especial, tem efeito de abolir as disposições da anterior.

É da tradição legislativa brasileira terminar a lei por dispositivo no qual há declaração de que *se revogam as disposições em contrário*, o que contraria frontalmente a Lei Complementar nº 95/1998, art. 9º, *caput*, alterada pela Lei Complementar nº 107/2001. Muito embora

54. Espínola, Eduardo. *A Lei de Introdução ao Código Civil brasileiro*. Rio de Janeiro: Renovar, 1999, p. 63-65.

haja posições contrárias, tal dispositivo é ocioso, pois, com ou sem essa referência, as disposições discrepantes da nova lei, existentes na lei velha, ficam tacitamente revogadas por questões de incompatibilidade, não havendo dúvidas de que tal expressão não vale como revogação expressa, uma vez que não há qualquer indicação específica atingindo diretamente dispositivos da lei preexistente.

Uma conseqüência da ab-rogação que não está disposta legislativamente, mas que é uma imposição da lógica, diz respeito ao fato de não haver a afetação tão-somente do dispositivo citado na norma revogadora, refletindo-se também em todas as disposições dependentes ou acessórias da norma revogada.

Em consideração ao princípio constitucional da separação de poderes, cumpre ao Poder competente para a votação da lei a incumbência de cassar-lhe a força obrigatória, não cabendo ao Poder Judiciário nem tampouco ao Executivo a competência para a revogação de lei, que deve ser deixada para a fonte da qual ela promana, o Poder Legislativo.[55]

A Lei nº 6.015/1973 é lei especial e configura-se num subsistema que trata exclusivamente de registros públicos, englobando não só normas de natureza material, mas também normas de natureza procedimental e administrativa.

A especialidade da Lei de Registros Públicos não elide a possibilidade de sua revogação por norma geral posterior, como já se teve oportunidade de ressaltar. É possível a sua derrogação ou ab-rogação de forma expressa ou tácita. Nesse último caso, ocorrerá quando houver alguma incompatibilidade.

O Código Civil de 2002, em seu art. 2.045, ab-rogou expressamente o Código Civil de 1916 e derrogou, também expressamente, a primeira parte do Código Comercial, sem fazer qualquer menção às demais normas que com ele porventura sejam colidentes, concluindo-se, assim, por esse aspecto, que a Lei de Registros Públicos continuaria inteiramente em vigor, não fossem as incompatibilidades eventualmente existentes.

---

55. Pereira, Caio Mário da Silva. *Instituições de Direito Civil*, vol I. Rio de Janeiro: Forense, 1999, p. 87-93.

A regulação da matéria referente aos registros públicos no Código Civil de 2002 não se deu de forma completa, limitando-se ao tratamento de sua parte substancial. Por essa razão, não houve a ab-rogação da Lei de Registros Públicos, permanecendo em vigor as normas procedimentais e administrativas e as normas materiais que não apresentam qualquer incompatibilidade com o Código atual. Nesse sentido, o Código Civil de 2002, art. 2.043, expressamente disciplinando que "continuam em vigor as disposições de natureza processual, administrativa ou penal, constantes de leis cujos preceitos de natureza civil hajam sido incorporados a este Código".

Com efeito, as normas referentes ao bem de família, constantes da Lei de Registros Públicos, não são incompatíveis com as do Código Civil de 2002, razão pela qual continuam em vigor, sendo, por isso, imprescindível a publicação de editais, para proteção de terceiros interessados, bem como as demais formalidades descritas na seção anterior do presente trabalho.

O *caput* do art. 1.715 praticamente repetiu parte dos arts. 70 e 71 do Código revogado, inovando quanto às ressalvas à impenhorabilidade do bem de família, ao incluir despesas de condomínio. Tal inclusão era uma reivindicação antiga da doutrina, por se tratar de autênticas obrigações *propter rem*, e, por isso, foi por ela muito bem recebida.

Aqui também cabem as mesmas considerações feitas anteriormente quando foi estudado o assunto na seção sobre o Código Civil de 1916, inclusive em relação à ausência de ressalva para despesas de construção e reforma no próprio prédio.

Há, no parágrafo único do art. 1.715 em exame, uma determinação para utilizar o saldo eventualmente existente após a execução por dívidas em outro prédio, como bem de família, ou em títulos da dívida pública para sustento familiar, concluindo com a possibilidade do juiz decidir por uma solução mais adequada ao caso concreto. Essa participação do juiz na definição do destino a ser dado ao saldo de bens executados parece ser muito pertinente, uma vez que nem sempre há correspondência entre a determinação legal e o interesse da entidade familiar.

A reedição quase que completa do parágrafo único do art. 70 do Código anterior no art. 1.716 do Código Civil de 2002 apresenta idêntico defeito encontrado no art. 1.714 do mesmo Código, pois deveria incluir, além dos cônjuges, os conviventes e os instituidores integrantes da entidade familiar.

Quanto aos filhos, uma interpretação sistemática do Código atual leva ao art. 1.722, que dispõe acerca da extinção do bem de família com a morte de ambos os cônjuges e a maioridade dos filhos, *desde que não sujeitos à curatela*. Diante desse dispositivo, conclui-se que, mesmo com o falecimento de ambos os cônjuges, ou ambos os companheiros, ou a morte dos instituidores integrantes da entidade familiar, e depois de todos os filhos haverem completado 18 anos de idade, ainda assim o bem de família remanesce como tal enquanto houver filho maior incapaz sujeito à curatela.

Guilherme Calmon Nogueira da Gama, considerando que a instituição persiste se houver filhos incapazes, apresenta um interessante argumento que merece ser transcrito:

> A previsão acerca da duração do bem de família, tal como contida no art. 1.716 do novo Código Civil, se refere à hipótese de maioridade dos filhos matrimoniais (e extramatrimoniais, de acordo com a melhor interpretação sobre o dispositivo). Mas, logicamente, deve-se buscar a **ratio legis** para poder interpretar a referência feita apenas à maioridade dos filhos. O bem de família é instituto que tem nítido caráter de amparo à família e, desse modo, será perfeitamente possível considerar toda a construção relativa aos alimentos para permitir a continuidade do bem de família. Na hipótese dos filhos menores, como ocorre a extinção do poder familiar (e da tutela) aos dezoito anos de idade, logicamente que, a princípio, também caberia a extinção do bem de família, na eventualidade dos pais terem falecido, inexistindo cônjuge ou companheiro do instituidor que tenha sobrevivido. Contudo, no caso dos filhos que atingiram os dezoito anos de idade, mas que continuam inaptos à prática dos atos da vida civil sozinhos (casos que demandam a interdição), logicamente deverá permanecer a produção de efeitos do bem

de família. No caso contrário, em que o menor de dezoito anos de idade se emancipe e, conseqüentemente, passe a ter aptidão para a prática dos atos da vida civil sozinho, deve-se considerar a aplicação da regra contida no art. 1.716 do CC/2002, para reconhecer que não haverá mais efeitos do bem de família.[56]

Tal construção parece pertinente para a manutenção do bem de família enquanto permanecer a incapacidade do filho maior, já que reforçada pelo art. 1.722 do Código Civil de 2002, mas não para sua extinção, uma vez que a Lei é expressa em condicioná-la à maioridade do filho. A interpretação de que a emancipação do menor de 18 anos de idade provocaria a extinção do benefício traria enorme insegurança aos negócios jurídicos. Além disso, o Código, ao dispor que a isenção "durará enquanto viver um dos cônjuges, ou, na falta destes, até que os filhos completem a maioridade", deixou claro, através do verbo *completem,* que a maioridade referida no artigo diz respeito apenas àquela alcançada pelo filho ao completar 18 anos de idade: completa-se a idade, não sendo pertinente dizer que se completa a emancipação.

Cabe, por fim, observar que, tendo em vista a compreensão extensiva do significado da expressão *entidade familiar,* extinguindo-se o bem de família por falecimento de ambos os cônjuges, ou ambos os companheiros, e restando apenas filho ou filhos maiores e capazes, estes e aquele poderão reconstituir o bem de família por intermédio de uma nova escritura pública e um novo registro, desde que preenchidos os requisitos exigidos em Lei, incorrendo apenas numa pequena descontinuidade do benefício.

O art. 1.717 reitera a obrigatoriedade da destinação do bem de família como domicílio familiar, no caso do prédio, e como suporte à conservação desse imóvel e ao sustento da família, no caso dos valores mobiliários, cabendo aqui as mesmas considerações colocadas nos comentários ao art. 1.712.

Como visto anteriormente, as pertenças e acessórios incluem-se no rol dos bens abrangidos pelo instituto, apesar de não consta-

56. Gama, Guilherme Calmon Nogueira da. *Comentários ao Código Civil brasileiro,* v. 15; Arruda Alvim e Thereza Alvim (coord.). Rio de Janeiro: Forense, 2005, p. 374.

rem do seu instrumento de constituição. Não obstante isso, a alienação desses bens não sofre a mesma restrição suportada pelo imóvel e pelos valores mobiliários, uma vez que o artigo em exame só refere essas duas últimas categorias de bens, conferindo-lhes uma alienabilidade relativa. Por essa razão, às pertenças e aos acessórios pode o seu proprietário dar livremente o destino que lhe aprouver.

O artigo repete as condições para a venda do imóvel constituído em bem de família, acrescentando a obrigatoriedade da oitiva do Ministério Público em todos os casos e não apenas quando envolver interesses de incapazes, a exemplo do que ocorria anteriormente.

O art. 1.718, objetivando resguardar o patrimônio familiar, prevê que qualquer forma de liquidação da entidade administradora dos valores mobiliários destinados como bem de família não atingirá esses valores, que serão transferidos por ordem judicial a outra instituição semelhante.

No caso de falência da instituição financeira, ocorrerá a restituição dos referidos valores a ela confiados, nos termos dos arts. 85 a 93 da Lei nº 11.011, de 9 de fevereiro de 2005.

O art. 1.719 traz novidade interessante, uma vez que instrumentaliza o juiz para extinguir o bem de família ou autorizar as adaptações necessárias ao atendimento das necessidades da entidade familiar, em virtude de mudanças nas condições em que foi instituído o benefício.

De fato, vários motivos podem ocasionar essa necessidade de extinção ou alteração, como, por exemplo, dificuldades na manutenção do bem, ruína do imóvel e sua inadequação por estar situado em local que passou a ser não-residencial.

Assim, ocorrendo qualquer situação em que se torne impossível manter a instituição nas condições originais, os interessados poderão dar início a um procedimento mediante requerimento devidamente motivado, perante o juízo competente de sua residência ou da situação do bem de família, com vistas a sanar o problema. Comprovada essa impossibilidade, o juiz poderá, conforme o caso, extinguir ou autorizar a sub-rogação dos bens que constituem o benefício, depois de ouvir o instituidor e o Ministério Público.

Observe-se que a Lei não exige a concordância do instituidor, mas apenas a sua oitiva. A manifestação do Ministério Público se deve ao interesse público na proteção à família beneficiada pelo instituto.

O *caput* do art. 1.720 adequadamente particulariza o princípio constitucional da igualdade dos cônjuges para os atos de administração do bem de família. Por outro lado, deixa de citar os companheiros, que deverão ser considerados inclusos no dispositivo, por força do § 3º do art. 226 da Constituição Federal de 1988.

Se entre os cônjuges ou companheiros não houver consenso quanto à administração dos bens, caberá ao juiz decidir sobre a divergência.

Excepcionalmente, pode o ato de constituição do bem de família dispor diferentemente acerca de sua administração, prevendo, por exemplo, que ela caberá a apenas um dos consortes ou que os valores mobiliários serão confiados a uma instituição financeira.

Com a morte de ambos os consortes, a administração passará automaticamente ao filho mais velho, se maior de idade, ou caberá ao seu tutor, se ainda não tiver alcançado 18 anos de vida. No caso do primogênito ser incapaz, seu curador administrará o bem de família.

Quanto ao art. 1.721, cabe observar que, apesar dele falar em *sociedade conjugal* e *cônjuge*, obviamente, como já exaustivamente ressaltado, a Lei disse menos que queria, devendo-se interpretá-lo em conjunto com o art. 1.711 do Código Civil de 2002 e à luz da Constituição Federal para incluir também o companheiro no dispositivo.

Na secção relativa ao Código de 1916, foi apresentada a divergência que havia quanto à continuidade ou não do bem de família nos casos de nulidade ou anulação do casamento, separação judicial ou divórcio. Na oportunidade, viu-se que a discussão não fazia mais sentido, justamente por conta do que dispõe o *caput* do art. 1.721, que espanca qualquer dúvida sobre a questão, estabelecendo expressamente a não-extinção do benefício em caso de dissolução da sociedade conjugal.

O art. 1.721, parágrafo único, abre ao cônjuge supérstite a oportunidade de extinguir o bem de família, sem qualquer motivação, bastando que o bem seja o único do casal.

Tal faculdade mostra-se bastante perigosa, principalmente se envolver interesses de filhos menores. No entanto, a extinção não é automática, devendo ser pedida ao juiz competente, que deverá decidir de acordo com o seu prudente arbítrio.

Em relação ao art. 1.722, cabem os mesmos comentários feitos linhas atrás quando se tratou do art. 1.716 do Código Civil de 2002, relativamente à impropriedade do uso da palavra *cônjuge* e à persistência do bem de família enquanto sobreviverem consortes ou instituidores integrantes da entidade familiar, e, após a morte deles, enquanto houver filho incapaz, ainda que tenha alcançado a maioridade. Em razão disso, remete-se o leitor aos referidos comentários.

2.4. O BEM DE FAMÍLIA NA LEI Nº 8.009/1990

Em meio à grave crise econômica por que passava o País no fim do mandato do presidente José Sarney, foi editada a Medida Provisória nº 143, de 8 de março de 1990, com a estipulação da impenhorabilidade *ex lege* do imóvel residencial e outros bens da entidade familiar, como móveis quitados que guarneçam o prédio.

Após uma breve tramitação no Congresso Nacional, a referida Medida Provisória foi aprovada e promulgada a Lei nº 8.009, de 29 de março de 1990, em tempo recorde.

Em face da restrição imposta pela Lei nº 8.009/1990 às garantias dos credores para o adimplemento de seus créditos, limitando o alcance do patrimônio do devedor, acaloradas discussões surgiram em torno da sua constitucionalidade.

Carlos Callage considerou que a impenhorabilidade instituída por essa Lei

> torna inócuo o princípio universal da sujeição do patrimônio às dívidas, acolhido pela Constituição brasileira (art. 5º, incs. LXVII, LIV) e atinge o próprio regime econômico básico adotado pela Carta, que pressupõe relações obrigacionais das mais diferentes espécies, suprimindo as garantias e a eficácia coativa do direito de crédito.[57]

57. Callage, Carlos. *Inconstitucionalidade da Lei nº 8.009, de 29/03/1990 (impenhorabilidade do imóvel residencial)*. São Paulo: RT, 1990, p. 61-62.

Enio Moraes da Silva apontou a inconstitucionalidade formal da Lei, uma vez que a Medida Provisória que lhe deu origem não atendia a um requisito exigido constitucionalmente, que é o caráter de urgência a exigir rápida atuação legiferante.[58]

Não obstante tais argumentos, não foi esse o entendimento que prevaleceu, pois o instituto foi acolhido como exceção ao princípio da sujeição do patrimônio do devedor ao pagamento de seus débitos, dando-se prevalência à proteção familiar e não ao direito creditício.

Nesse sentido, Goffredo Telles Junior afirma:

> A sociedade existe para servir o homem, e o Estado, como nação política e juridicamente organizada, há de ser o intérprete desse amparo da coletividade ao cidadão. Em conseqüência, por imposição da inteligência, ou seja, por imposição do princípio de que os meios se sujeitam aos fins, está autorizado a exigir do próximo certas ações e certas abstenções, em seu próprio benefício. Mas isso implica a obrigação, a que se acham sujeitos todos os homens, de praticar certas ações e de abster-se de outras, em benefício de seus semelhantes.[59]

Em relação à inconstitucionalidade formal da Lei, argüida por Enio Moraes da Silva, deve-se contrapor o argumento de que há quem vislumbre na situação caótica por que passava o País, à época de sua edição, o requisito de urgência exigido pela Constituição para a edição de medidas provisórias.

Acrescente-se a isso a lição de J.S. Fagundes Cunha ao afirmar:

> Se houve erro formal na Medida Provisória nº 143, tal erro ficou sanado quando convertida em lei Federal, que, por sinal, não fere nenhum dispositivo da Magna Carta, porquanto, longe de desobedecer ao princípio programático ínsito no art. 5º e no inciso II do art. 170, mais consolida a propriedade privada, na medida em que amplia a proteção ao bem de família, e, por outro lado, nada mais tem a ver com o art. 62, uma vez

58. Silva, Enio Moraes da. *Considerações críticas sobre o novo bem de família (doutrina e jurisprudência)*. Curitiba: Juruá, 1993, p. 37.

59. Teles Júnior, Goffredo. *Direito quântico, ensaio sobre o fundamento da ordem jurídica*. São Paulo: Max Limonad, 1980, p. 343.

que não mais se trata de medida provisória, e, sim, lei votada pelo Congresso Nacional.[60]

Com efeito, apesar das críticas e de seus problemas técnicos, a Lei nº 8.009/1990 representou um grande avanço para o instituto do bem de família e foi considerada constitucional de forma majoritária pela doutrina e pela jurisprudência, merecendo, assim, uma análise detida de seus artigos, que será realizada a seguir.

O art. 1º e seu parágrafo inauguram no Brasil a impenhorabilidade obrigatória e automática do bem de família, sem atingir a sua disponibilidade por parte do proprietário, uma vez que não impõe a inalienabilidade do bem, contrariamente ao que ocorre com a versão voluntária do instituto.

Na concepção da Lei nº 8.009/1990, é dispensada a escritura pública ou o testamento para instituição do bem de família, já que o benefício é criado por lei, sendo irrelevante o fato do beneficiário ser ou não devedor.

A primeira questão que se põe em relevo no artigo em exame é a de saber qual espécie de família ele objetiva proteger.

Quanto à palavra *casal*, deve-se entendê-la como o par formado pelos cônjuges ou conviventes, considerando que a Constituição Federal os igualou para efeitos de proteção por parte do Estado no § 3º do art. 226.

Em relação à expressão *entidade familiar*, porém, paira certa controvérsia na doutrina e na jurisprudência, como já assinalado anteriormente, cabendo aqui as mesmas observações apresentadas no subtítulo referente ao Código Civil de 2002, para o qual remete-se o leitor.

A partir do conceito ampliado de família, pode-se analisar outra característica do instituto, disposta no artigo em exame, que diz respeito à necessidade do imóvel objeto do bem de família ser, em princípio, de propriedade do casal ou da entidade familiar, sendo, no primeiro caso, o domínio pertencente a ambos os cônjuges ou conviventes ou apenas a um deles e, no segundo caso, pertencente ao membro único, a um de seus membros ou a qualquer conjunto deles em condomínio.

60. Cunha, J. S. Fagundes. *Bem de família: comentários à Lei nº 8.009/1990*. Curitiba: Juruá, 1992, p. 80.

Cumpre salientar, no entanto, que a indispensabilidade da propriedade do bem de família por parte do casal ou da entidade familiar deve ser mitigada para incluir o caso em que a família resida em um imóvel sobre o qual possua direito proveniente de contrato de compromisso de compra e venda quitado ou de escritura definitiva não registrada, por exemplo. Nesse sentido, reforça a afirmativa acima o fato de que o direito à adjudicação compulsória independe do registro do compromisso de compra e venda no cartório de imóveis, conforme esclarece a Súmula nº 239 do Superior Tribunal de Justiça.

Em relação a esse tema, a doutrina não é uniforme, havendo entendimentos no sentido de ampliar a norma ou interpretá-la literalmente. Roberto Eurico Schmidt Junior adotou o seguinte posicionamento:

> Preliminarmente, já podemos concluir que a impenhorabilidade decorrente da Lei deve ser vista como exceção. Ora, este ponto de vista implica que a interpretação não pode ser extensiva. (...)
>
> Quando a Lei nº 8.009/1990 fala em imóvel próprio do casal e em sejam seus proprietários, está se referindo, como é claro, ao instituto da propriedade. Um entendimento diverso levaria à conclusão de que a lei criou outro bem de família a proteger o possuidor, o que não é verdade.[61]

Em sentido contrário, encontra-se Luiz Guilherme Marinoni, que assim se pronunciou:

> É claro que a Lei nº 8.009/1990, de 29 de março de 1990, ao referir-se ao imóvel residencial próprio da entidade familiar, não deixou de abranger a posse da família sobre o bem que lhe serve de residência. Ora, a lei visa salvaguardar a moradia da família, não importando, por óbvio, se o imóvel que concretiza a moradia é propriedade da família. Esta interpretação, aliás, somente reforça os propósitos – eminentemente sociais – da própria lei.

61. Schmidt Junior, Roberto Eurico. "A impenhorabilidade do bem de família: comentário à Lei nº 8.009/1990, em caso de penhora incidente sobre direitos decorrentes de escritura pública de compra e venda de imóvel não lavrada a registro." *Revista Jurídica*. Curitiba, ano 8, nº 6, 1992, p. 59-62.

Os embargantes residem de há muito no imóvel penhorado. Trata-se, sem ressaibos de dúvida, de bem de família.[62]

Esse segundo posicionamento parece ser o mais de acordo com os objetivos da Lei nº 8.009/1990, voltados para a proteção da família por meio do resguardo da sua moradia, independentemente do título que deu margem à ocupação do imóvel por ela.

O outro requisito tido como indispensável pela maioria dos doutrinadores, além da propriedade, é a efetiva residência dos membros da família no imóvel.

Como já se teve oportunidade de ressaltar, essa realmente é a regra, mas ela não deve ser utilizada de forma absoluta, sob pena de se incorrer no risco de solapar a própria finalidade do instituto.

De fato, a jurisprudência tem acolhido esse entendimento, como se pode verificar pelos extratos dos acórdãos a seguir apresentados:

Superior Tribunal de Justiça

PROCESSUAL CIVIL – Execução – Penhora – Imóvel destinado a residência, em construção – Lei nº 8.009/1990 – Impenhorabilidade – Precedentes. O imóvel residencial, próprio do casal, é impenhorável. Demonstrado que o imóvel em construção tem finalidade residencial e que a executada não possui outro, residindo em apartamento alugado, faz jus ao benefício da Lei nº 8.009/1990, que o protege da penhora. Recurso conhecido e provido (2ª Turma, REsp 96.046-SP, Rel. Min. Peçanha Martins, *DJ*, 28 jun. 1999, v. u.).

BEM DE FAMÍLIA – Imóvel locado – Irrelevância – Único bem da devedora – Renda utilizada para a subsistência da família – Incidência da Lei nº 8.009/1990, art. 1º – Teleologia – Circunstâncias da causa – Precedente da Turma – Recurso desacolhido. I – Contendo a Lei nº 8.009/1990 comando normativo que restringe princípio geral do direito das obriga-

62. Marinoni. Luiz Guilherme. "Considerações acerca dos embargos de terceiro possuidor à penhora e da impossibilidade de expropriação do bem de família já penhorado quando da edição da Lei nº 8.009/1990." *Jurisprudência Brasileira,* v. 162. Curitiba: Juruá, 1991, p. 44.

ções, segundo o qual o patrimônio do devedor responde por suas dívidas, sua interpretação deve ser sempre pautada pela finalidade que norteia, a levar em linha de consideração as circunstâncias concretas de cada caso. II – Dentro de uma interpretação teleológica e valorativa, calcada inclusive na teoria tridimensional do Direito – fato, valor e norma (Miguel Reale), faz jus aos benefícios da Lei nº 8.009/1990 o devedor que, mesmo não residindo no único imóvel que lhe pertence, utiliza o valor obtido com a locação desse bem como complemento da obrenda familiar, considerando que o objetivo da norma foi observado, a saber, o de garantir a moradia familiar ou a subsistência da família (Quarta Turma, REsp 159.213-ES, Rel. Min. Sálvio de Figueiredo Teixeira, j. 20/4/1999, v. u.).

PROCESSO CIVIL – BEM DE FAMÍLIA: LEI Nº 8.009/1990 – IMPENHORABILIDADE. 1. A Lei nº 8.009/1990 tornou impenhorável o bem de família, o que não impede o seu aluguel para auxiliar na manutenção da família. 2. Precedentes desta Corte prevalecem sobre a corrente mais ortodoxa. 3. Recurso especial improvido. (REsp 415765/MT, Segunda Turma, Min. Eliana Calmon, *DJ* de 05/08/2002)

PROCESSUAL CIVIL. BEM DE FAMÍLIA. IMPENHORABILIDADE. LOCAÇÃO. IRRELEVÂNCIA. 1. Não se constitui em condicionante imperiosa, para que se defina o imóvel como bem de família, que o grupo familiar que o possui como única propriedade nele esteja residindo. Uma interpretação sistêmica, e não literal, da Lei nº 8.009/1990 leva a concluir que esta é apenas uma das características, dentre um conjunto de outras, que indica a situação de imprescindibilidade do imóvel à própria sobrevivência da unidade familiar, de modo que a sua locação não lhe afasta tal condição, desde que se comprove que tal procedimento seja levado a efeito em benefício da própria sobrevivência da família. Precedentes do STJ. 2. Recurso Especial parcialmente conhecido, e, nesta parte, desprovido. (REsp 550387/SE, Primeira Turma, Min. Luiz Fux, DJ de 03/11/2003)

BEM DE FAMÍLIA – Predomina nesta egrégia Corte Superior de Justiça o entendimento segundo o qual a locação a terceiros do único imóvel de propriedade da família não afasta o beneficio legal da impenhorabilidade do bem de família (art. 1º da Lei nº 8.009/1990). Com efeito, o escopo da lei é proteger a entidade familiar e, em hipóteses que tais, a renda proveniente do aluguel pode ser utilizada para a subsistência da família ou mesmo para o pagamento de dívidas (REsp 445.990/MG, Segunda Turma, Rel. Min. Franciulli Netto, v. u., j. 09/11/2004, DJ de 11/04/2005).

Quanto ao efeito de tornar impenhorável o imóvel, uma vez respeitados os requisitos legais, é ele bem amplo, cobrindo a irresponsabilidade por dívida de qualquer natureza, inclusive civil, fiscal e previdenciária, ressalvadas as hipóteses previstas na própria Lei criadora do benefício, que serão analisadas mais adiante.

Esse efeito estende-se ao imóvel de qualquer valor, já que não houve limitação na Lei. Alcança também as acessões por construções e plantações feitas sobre ele, às benfeitorias necessárias, úteis e voluptuárias, a todos os equipamentos, inclusive os de uso profissional, que já estavam protegidos pelo Código de Processo Civil, em seu inciso VII do art. 649, além dos móveis quitados que guarnecem a casa.

Nesse sentido, a jurisprudência tem traçado os contornos do bem de família, definindo o que está no seu campo de proteção. Apresenta-se a seguir alguns exemplos que bem demonstram essa afirmativa:

Superior Tribunal de Justiça

GRAVADOR E BICICLETA – (...) 2. Sob cobertura de precedentes da Corte que consideram bem de família aparelho de televisão, videocassete e aparelho de som, tidos como equipamentos que podem ser mantidos usualmente por suas características. A bicicleta, porém, não é bem de família, sendo meio de transporte, mais bem situada na vedação do art. 2º da Lei nº 8.009/1990. 3. É preciso considerar que a interpretação da lei considerando os termos do art. 5º da Lei de Introdução ao

Código Civil não pode gerar desequilíbrio no processo, como se o fim social somente se destinasse a proteger uma das partes. O juiz, interpretando a lei, construindo sobre ela para prestar a jurisdição, deve levar na devida consideração que a ordem jurídica vigente rege a vida de toda a sociedade e não de parte dela, ainda que deva compreender sempre as circunstâncias concretas de cada caso para fazer a melhor justiça. 4. Recurso especial conhecido em parte e, nessa parte, provido (Terceira Turma, REsp 82.067-SP, Rel. Min. Carlos Alberto Menezes Direito, j. 26/6/1997, v. u., RSTJ 103/209).

PROCESSUAL CIVIL – Embargos à execução-Impenhorabilidade dos bens móveis e utensílios que guarnecem a residência, incluindo televisores, aparelhos de som, videocassete, microondas e computador – ...II – A Lei nº 8.009 fez impenhoráveis, além do imóvel próprio da entidade familiar, os equipamentos e móveis que os guarneçam, excluindo veículos de transporte, objetos de arte e adornos suntuosos. O favor compreende o que usualmente se mantém em uma residência e não apenas o indispensável para fazê-la habitável. Devem, pois, em regra, ser reputados insuscetíveis de penhora aparelhos de televisão e de som, microondas e videocassete, bem como o computador, que, hoje em dia, corriqueiro e largamente adquirido como veiculo de informação, trabalho, pesquisa e lazer, não pode igualmente ser considerado adorno suntuoso. III – Recurso conhecido em parte, e nesta parte provido (Terceira Turma, REsp 150.021-MG, Rel. Min. Waldemar Sveiter, j. 23/2/1999).

PROCESSUAL CIVIL – Lei nº 8.009/1990 – Bem de família – Hermenêutica – Aparelho de televisão, jogo de sofá, freezer, máquina de lavar roupa e máquina de lavar louça – Impenhorabilidade – Videocassete – Penhorabilidade – Precedentes – Hermenêutica – Recurso parcialmente provido. I – A Lei nº 8.009/1990, ao dispor que são impenhoráveis os equipamentos que guarnecem a residência, inclusive móveis, não abarca tão-somente os indispensáveis à moradia, mas também aqueles que usualmente a integram e que não se qualificam como objetos de luxo ou adorno. II – O aparelho de videocassete, no entanto, salvo situações excepcionais, não se inclui entre os bens impenhoráveis, consoante orientação acolhida pela Turma. III – Ao juiz, em sua função de intérprete e aplicador da lei, em atenção aos fins sociais a que ela se dirige e às exigências do bem comum, como admiravelmente adverte o art. 5º da LICC, incumbe dar-lhe exegese construtiva e valorativa, que se afeiçoe aos fins teleológicos, sabido que ela deve refletir não só os valores que a inspiraram mas também as transformações culturais e sociopolíticas da sociedade a que se destina (Quarta Turma, REsp 162.998-PR, Rel. Min. Sálvio de Figueiredo Teixeira, j. 16/4/1998, v. u.).

PROCESSUAL CIVIL – Impenhorabilidade – Lei nº 8.009/1990 – Único televisor. Existência de vários televisores. I – A Lei nº 8.009/1990 foi concebida para garantir a dignidade e funcionalidade do lar. Não foi propósito do legislador permitir que o pródigo e o devedor contumaz se locupletem, tripudiando sobre seus credores. II – Na interpretação da Lei nº 8.009/1990, não pode perder de vista seu fim social. III – A impenhorabilidade não se estende a objeto de natureza suntuária. IV – Se a residência é guarnecida com vários utilitários da mesma espécie, a impenhorabilidade cobre apenas aqueles necessários ao funcionamento do lar. Os que excederem o limite da necessidade podem ser objeto de constrição. V – Se existem, na residência, vários aparelhos de televisão, a impenhorabilidade protege apenas um deles (Corte Especial, REsp 109.351-RS, Rel. Min. Humberto Gomes de Barros, j. 22/10/1998, v. u.).

PROCESSUAL CIVIL – Se a residência é guarnecida com vários utilitários da mesma espécie, a impenhorabilidade cobre apenas aqueles necessários ao funcionamento do lar, de forma que os que excederem o limite da necessidade podem ser objeto de constrição (REsp 102.000/SP, Corte Especial, Rel. Min. Humberto Gomes de Barros, v. u., j. 01/06/1997, *DJ* 15/12/1997).

PROCESSUAL CIVIL – Locação – Penhora – Linha Telefônica – Bem familiar – Exegese da Lei nº 8.009/1990. Impossibilidade. O manto da impenhorabilidade dos bens patrimoniais residenciais consagrada no bojo da Lei nº 8.009/1990, diploma de eficácia geral e imediata, abrange não somente os móveis indispensáveis e essenciais à guarnição da habitação do devedor com um mínimo de dignidade, como também os que habitualmente integram a residência, destinados à utilização prática do dia-a-dia, excluídos apenas os objetos supérfluos de luxo ou suntuosos. Esta Corte, prestigiando o cunho social de alta relevância contido na referida lei, construiu o pensamento de que a linha telefônica, equipamento de grande utilidade que integra grande parte das habitações familiares, não pode ser tido como objeto de adorno ou de luxo, imune, portanto, a qualquer constrição judicial. Recurso especial não conhecido (Sexta Turma, REsp 160.695-RS, Rel. Min. Vicente Leal, j. 5/3/1998, v. u.).

APARELHOS ELETRÔNICOS – Devem, pois, em regra, ser reputados insusceptíveis de penhora aparelhos de televisão e de som, microondas e videocassete, bem como o computador, que, hoje em dia, corriqueiro e largamente adquirido como veículo de informação, trabalho, pesquisa e lazer, não pode igualmente ser considerado adorno suntuoso (REsp 150.021/MG, Terceira Turma, Rel. Min. Waldemar Zveiter, v. u., j. 23/02/1999, *DJ* 19/04/1999).

INSTRUMENTOS MUSICAIS – Em uma sociedade marcadamente violenta como a atual, seja valorizada a conduta dos que se dedicam aos instrumentos musicais, sobretudo sem o objetivo do lucro, por tudo o que a música representa (REsp 218.882/SP, Quarta Turma, Rel. Min. Sálvio de Figueiredo Teixeira, v. u., j. 02/09/1999, *DJ* 25/10/1999).

TECLADO – Não seria um mero teclado musical que iria contribuir para o equilíbrio das finanças de um banco. O processo, como cediço, não tem escopo apenas jurídico, mas também político (no seu sentido mais alto) e social.

> Ao juiz, em sua função de intérprete e aplicador da lei, em atenção aos fins sociais a que ela se dirige e às exigências do bem comum, como admiravelmente adverte o art. 5º, LICC, incumbe dar exegese construtiva e valorativa, que se afeiçoe aos seus fins teleológicos, sabido que ela deve refletir não só os valores que a inspiraram mas também as transformações culturais e sociopoliticas da sociedade a que se destina (REsp 218.882/SP, citado acima).

Como bem acentua Álvaro Villaça de Azevedo, a palavra *casa* utilizada no dispositivo em exame está mal empregada, por ter uma conotação abrangente na linguagem jurídica, não se limitando somente à moradia, razão pela qual teria sido melhor usar a palavra *residência*.

Outra expressão que o mesmo autor qualifica de infeliz é *desde que quitados,* por ser desnecessária, uma vez que não podem ser penhorados, em razão dos débitos dos integrantes da entidade familiar, os móveis que a eles não pertençam ainda.[63]

Talvez o legislador aqui tencionasse resguardar ao credor a penhorabilidade do bem não quitado pelo preço respectivo, uma vez que, com a tradição, os móveis passam à propriedade do adquirente, restando apenas o crédito ao alienante, ressalvados os casos de propriedade fiduciária.

O *caput* do art. 2º excepciona a regra disposta no artigo anterior, excluindo da impenhorabilidade os veículos de transporte, obras de arte e adornos suntuosos. Assim, ao referir veículos de transporte, a lei o faz sem qualquer distinção, que pode ser buscada na Lei nº 9.503/1997, art. 96, que os classifica quanto à tração e quanto à espécie.

Tal generalização seria totalmente iníqua, não fosse a proteção mantida no Código de Processo Civil, art. 649, inciso VI, e a interpretação que se deve dar ao dispositivo, para que se faça uma aproximação com os objetivos básicos do instituto do bem de família.

José Stábile Filho realça o problema e assim se pronuncia:

> Ainda hoje, existem, em várias regiões do País, veículos de transporte, que são absolutamente necessários à exploração da

63. Azevedo, Álvaro Villaça. *Bem de família com comentários à Lei nº 8.009/1990*, São Paulo: RT, 2002, p. 177.

> atividade proporcionadora da manutenção da família ou da entidade familiar e até necessários à sobrevida, que não foram excepcionados e que não se constituem em equipamentos: o barco de pequeno porte nas regiões ribeirinhas; a carroça nas pequenas propriedades rurais; a charrete para o transporte de passageiros ou somente da própria família; o carro de boi. A questão se agrava no referente aos veículos de transporte de tração animal. É que a lei não excluía das execuções os semoventes em geral, não fazendo mesmo qualquer distinção ou reserva entre os de montaria ou de tiro.[64]

Carlos Gonçalves faz interessante observação ao afirmar:

> Melhor seria se ao invés de veículos de transporte usasse a expressão veículo particular de transporte de passageiros de uso não profissional, porque, assim, estariam, desde logo, excluídos os veículos de transporte de cargas e de passageiros de uso profissional (táxi e ônibus) e outros utilizados para o desempenho de qualquer ofício ou profissão, inclusive motocicletas, bicicletas, carroças etc. Ademais, o art. 649, inciso VI, do CPC já previa a ressalva quanto à impenhorabilidade dos livros, máquinas, utensílios e instrumentos necessários ou úteis ao exercício de qualquer profissão, onde quer que se encontrem.[65]

Outra solução, defendida por Álvaro Villaça de Azevedo,[66] é considerar tais bens como imóveis por acessão intelectual, tendo em vista sua utilização direta no imóvel objeto do bem de família, de acordo com o art. 79 do Código Civil de 2002.

Tal orientação é apresentada por Maria Helena Diniz, ao ensinar que a imobilização desses bens, por destinação do proprietário, ocorre no caso deles serem colocados "a serviço do imóvel e não da

---

64. Stábile Filho, José. "Bem de família e execução." *Revista dos Tribunais*, ano 80, v. 669 São Paulo: RT, 1991, p. 69-76.

65. Gonçalves, Carlos. *Impenhorabilidade do bem de família*. Porto Alegre: Síntese, 1992, p. 109-110.

66. Azevedo, Álvaro Villaça. *Bem de família com comentários à Lei nº 8.009/1990*. São Paulo: RT, 2002, p. 183.

pessoa. Tal imobilização é uma ficção legal, para evitar que certos bens móveis, acessórios do imóvel, sejam separados deste, havendo, então, uma afetação do móvel ao imóvel."[67]

O parágrafo único do artigo em exame traz uma novidade festejada pelos doutrinadores, por cobrir uma lacuna existente no instituto, que deixava em desamparo justamente a classe mais pobre e necessitada de proteção.

Em relação ao dispositivo, Munir Karan faz as seguintes ponderações:

> Na prática, sempre causou certo constrangimento a penhora dos móveis que guarneciam a casa do devedor. De um modo geral, bens usados e sem valor comercial. Era apenas uma forma de coagir o devedor ao pagamento da dívida. Daí recorrerem certos devedores ao expediente de se tornarem comodatários dos seus móveis e utensílios. Penso que a lei teve o aspecto positivo de livrar os devedores desta situação vexatória e de quase nenhum proveito a execução.[68]

No entanto, não andou bem o legislador quando pareceu limitar a impenhorabilidade aos móveis do locatário, sem aparentemente englobar casos como o do comodatário e do usufrutuário, por exemplo, que estariam à margem da proteção legal, não fosse a necessária interpretação extensiva que se deve dar à norma, para que se alcance o fim maior do instituto, qual seja, a proteção da moradia da família, dando-lhe condições dignas de habitabilidade.

A esse respeito, irretocáveis são as palavras de Álvaro Villaça Azevedo a seguir transcritas:

> A intenção do legislador foi, sem dúvida, a de proteger a família, não cabendo, pois, entendimento de que só o fez com relação à do locatário. Caso contrário, não teria sentido, o texto da lei, discriminando e criando diferenças em situações iguais, quando identificadas pelo instituto da posse. Ou existe

---

67. Diniz, Maria Helena. *Curso de Direito Civil brasileiro, Teoria geral do Direito Civil*. São Paulo: Saraiva, 2002, p. 284-285.

68. Karam, Munir. "Da nova impenhorabilidade dos bens residenciais." *Revista dos Tribunais*, ano 79, v. 659. São Paulo: RT, 1990, p. 232-234.

> o direito de possuir (*ius possidendi*), do proprietário; ou o direito de posse (*ius possessionis*), do possuidor direto do imóvel, em que se localiza sua residência, com seus móveis próprios. Em ambas as situações, os imóveis residenciais estão protegidos contra penhora.[69]

O *caput* do art. 3º declara a impenhorabilidade dos bens constituídos em bem de família, por força da Lei em exame, de forma ampla e oponível em qualquer processo de execução, como o civil, o fiscal o previdenciário e o trabalhista, que são relacionados exemplificativamente no dispositivo.

Essa isenção de penhora é excepcionada taxativamente em relação a determinados créditos ou em favor dos credores especificados nos diversos incisos do artigo em questão, os quais passaremos a examinar a seguir.

No inciso I, a lei alude aos créditos de trabalhadores da própria residência e às respectivas contribuições previdenciárias como capazes de afastar a impenhorabilidade do bem de família do devedor.

Apesar da literalidade do inciso apontar para o entendimento de que os trabalhadores ali referidos seriam apenas aqueles que centram suas atividades na própria residência do devedor e em função dela, não é o entendimento que predomina atualmente, dando-se ao dispositivo uma interpretação extensiva, mais adequada aos fins sociais da norma.

Rita de Cássia Correa de Vasconcelos tem o seguinte entendimento, mais restritivo:

> Os trabalhadores a que a Lei se refere são aqueles que exercem atividade profissional na residência do devedor, incluídos nessa categoria os considerados empregados domésticos – empregadas mensalistas, governantas, copeiros, mordomos, cozinheiros, jardineiros e mesmo faxineiras diaristas se caracterizado o vínculo empregatício –, bem como os motoristas particulares dos membros da família.

69. Azevedo, Álvaro Villaça. *Bem de família com comentários à Lei nº 8.009/1990*. São Paulo: RT, 2002, p. 185.

> Não se enquadram nessa categoria pessoas que, embora realizem atividade profissional na residência do devedor, não são seus empregados, exercendo trabalho autônomo ou vinculado a outro empregador. Nesse contexto estão os pedreiros, pintores, marceneiros, eletricistas, encanadores, e outros profissionais que trabalham no âmbito da residência apenas em caráter eventual.
>
> Também não estão abrangidos pela exceção do inciso I, os empregados dos condomínios residenciais – entre os quais, porteiros, zeladores, manobristas –, por não trabalharem propriamente no âmbito das residências, e, principalmente, porque são contratados pelo próprio condomínio, representado pelo síndico ou por empresas administradoras.[70]

Por outro lado, Arnaldo Marmitt,[71] que é acompanhado por Álvaro Villaça de Azevedo,[72] argumenta no sentido da ampliação do termo *trabalhadores* afirmando:

> A proteção estende-se aos empregados que prestam serviços domésticos na residência, cujos créditos ficam preservados. Empregado doméstico é o serviçal da família, aquele que lhe presta serviços diários, contínuos, íntimos e diretos. Incluem-se neste conceito os domésticos em geral, as cozinheiras, as governantas, as copeiras, as arrumadeiras, os mordomos, os vigias, os jardineiros, os motoristas particulares etc. Tais pessoas estão intimamente ligadas ao convívio da casa, participam de quase tudo, dos momentos felizes e tristes da família.
>
> Ainda há outra categoria de trabalhadores que prestam serviços eventuais e sem vinculo empregatício. Entre estes podem ser arrolados o pintor, o eletricista, o pedreiro, o encanador, o vidraceiro, o marceneiro etc.

70. Vasconcelos, Rita de Cássia Corrêa de. *A impenhorabilidade do bem de família e as novas entidades familiares*. São Paulo: RT, 2002, p. 61.
71. Marmitt, Arnaldo. *Bem de família*. Rio de Janeiro: Aide, 1995, p. 77.
72. Azevedo, Álvaro Villaça. *Bem de família com comentários à Lei nº 8.009/1990*. São Paulo: RT, 2002, p. 187.

De fato, a interpretação extensiva parece estar mais de acordo com o princípio da isonomia. Basta imaginar o serviço de um empregado doméstico contratado para cuidar da manutenção da residência, fazendo-lhe pequenos reparos, e compará-lo com o de um trabalhador sem vínculo empregatício, que igualmente poderia conduzir as reparações cabíveis. A diferença de tratamento nesse caso seria injustificável, por privilegiar o trabalho sob subordinação em detrimento do autônomo, quando ambos executam a mesma tarefa.

Cumpre, ainda, ressaltar que o trabalhador referido no inciso tem de executar suas tarefas em atividades sem fins lucrativos para o tomador dos serviços e sem intermediários que contratem com esses tomadores de serviços. Assim, não estão inclusos nessa categoria, por exemplo, os funcionários de profissionais liberais que exerçam suas funções na própria moradia, nem tampouco os vinculados a outro empregador, que prestam serviços utilizados em prol da residência, mas sob a chefia do empresário contratado pela família.

No tocante à segunda parte do inciso em exame, não há controvérsias, sendo pacífico o entendimento de que se refere tão-somente à previdência social pública, não se incluindo a previdência privada e nem tampouco outros débitos previdenciários do proprietário do imóvel, alheios às suas relações domésticas.

O inciso II, por sua vez, excepciona a impenhorabilidade em face do titular do crédito decorrente do financiamento destinado à construção, aqui também incluída a ampliação, ou à aquisição do imóvel, limitando-se ao valor do contrato e seus acréscimos, tais como: multa, juros de mora, correção monetária e demais encargos previstos no instrumento contratual.

Não obstante a ausência de previsão do crédito relativo à reforma no dispositivo em exame, deve aquele ser incluído neste, uma vez que a lei não pode privar de ressarcimento os credores que proporcionaram a valorização do imóvel e até sua subsistência, como no caso de benfeitorias necessárias, no sentido de evitar o enriquecimento sem causa do devedor.

A respeito do inciso III, Álvaro Villaça de Azevedo faz perspicaz observação que merece ser aqui transcrita:

> O bem de família pode ser, também, executado pelo não-pagamento de débito alimentar (inciso III), porque, à guisa de defender-se a célula familiar, não pode ser negada a proteção existencial do próprio integrante dela. Primeiro, deve sobreviver o membro da família e depois, esta, como fortalecimento da Sociedade e do próprio Estado.[73]

Em acréscimo a isso, deve-se observar, no entanto, que os alimentos não se resumem aos devidos por força de lei (legítimos), incluindo-se também os instituídos por disposição de última vontade e por negócio *inter vivos*, além dos ressarcitórios por ato ilícito.

Quanto à abrangência desse inciso, controverte a doutrina, entendendo uns que se limita aos alimentos legítimos e outros que se estende a qualquer espécie de débito alimentar, inclusive aos voluntários e aos decorrentes de atos ilícitos. No sentido da primeira corrente, encontra-se Rita de Cássia Corrêa de Vasconcelos, que afirma:

> A Lei nº 8.009/1990 também exclui da impenhorabilidade, no inciso III do art. 3º, o imóvel residencial do devedor e móveis que o guarnecem, nas execuções de pensão alimentícia depreende-se que o dispositivo refere-se aos alimentos decorrentes do Direito de família, embora ainda se discuta a natureza alimentar das pensões devidas por ato ilícito, e a possível incidência do inciso III nas execuções para a satisfação desses créditos.[74]

No sentido oposto, há o posicionamento de Arnaldo Marmitt, que assevera: "Ante a omissão do legislador, a finalidade e a natureza do débito alimentar, que condiz com a vida e a sobrevivência humana, tem-se dado sentido elástico a tais alimentos, bem como à sua abrangência, fazendo-se alcançar todos os tipos de alimentos existentes em nossa sistemática jurídica."[75]

Com efeito, nada obsta na lei o aproveitamento da regra para toda e qualquer espécie de obrigação alimentar, ainda que proveni-

73. Azevedo, Álvaro Villaça. *Bem de família com comentários à Lei nº 8.009/1990*. São Paulo: RT, 2002, p. 188.
74. Vasconcelos, Rita de Cássia Corrêa de. *A impenhorabilidade do bem de família e as novas entidades familiares*. São Paulo: RT, 2002, p. 63.
75. Marmitt, Arnaldo. *Bem de família*. Rio de Janeiro: Aide, 1995, p. 80.

ente de indenização por ato ilícito ou de manifestação de vontade. O entendimento contrário poderia levar a situações injustas, sacrificando, por exemplo, a família da vítima para privilegiar a família do infrator.

O inciso IV do artigo em análise exclui a impenhorabilidade do bem de família legal quando a execução for referente a tributos devidos em função do imóvel familiar e contribuições a ele relativas.

Assim, o bem de família pode sofrer penhora proveniente de cobrança de débitos de Imposto sobre Propriedade Predial e Territorial Urbana (IPTU) e Imposto sobre a Propriedade Territorial Rural (ITR); Imposto sobre Serviço (ISS) e contribuição previdenciária arrecadada pelo INSS, ambos no caso de construção civil; e taxas decorrentes do poder de polícia, incidentes sobre o imóvel. Qualquer outro tributo devido por integrantes da entidade familiar, à exceção dos acima listados, refoge da penhora do bem de família, em razão de sua desvinculação com o imóvel eleito para essa finalidade.

Cabe ainda incluir nessa lista as obrigações *propter rem* geradas em função do próprio prédio constituído em bem de família, como é o caso, por exemplo, das despesas condominiais, que já foram abordadas neste trabalho por ocasião da análise do bem de família no Código Civil de 1916, quando se afirmou que a doutrina consolidou o entendimento de que tais despesas deveriam ser consideradas para excepcionar a impenhorabilidade do bem de família, em virtude de suas características.

No sentido da pacificação desse entendimento caminha a jurisprudência. Inúmeros são os julgados que incluem as despesas condominiais na exceção do inciso IV do artigo em comento. A seguir vão transcritas algumas dessas decisões:

> **Superior Tribunal de Justiça**
>
> PENHORA – Bem de família – Contribuições condominiais – Art. 3º, inciso IV, da Lei nº 8.009/1990 – Precedentes. I – Consolida-se nesta Corte entendimento jurisprudencial no sentido de que passível de penhora o imóvel residencial da família, quando a execução se referir a contribuições condominiais sobre ele incidentes. Precedentes da Quarta Turma: REsp 160.710-SP. II – Recurso não conhecido (Terceira

Turma, REsp 152.512-SP, Rel. Min. Waldemar Sveiter, j. 3/2/1999, m. v.).

CIVIL E PROCESSUAL. Condômino inadimplente. Execução. Penhora. Imóvel. Unidade residencial integrante de condomínio em plano horizontal. Teoria dos direitos limitantes e limitados. Aplicação da exceção prevista na Lei nº 8.009/1990, art. 3º, IV. Interpretação teleológica. I. O condomínio em plano horizontal impõe direitos limitantes e limitados e a obrigação *propter rem* de contribuir pro rata para as despesas condominiais se transmuda em indisponibilidade, inalienabilidade da unidade autônoma, desde o momento em que seu titular se torna inadimplente. II. O vocábulo *contribuição* a que alude o inciso IV, art. 3º, da Lei nº 8.009/1990 não se reveste de qualquer correção fiscal, mas representa, *in casu*, a quota parte de cada condômino no rateio das despesas condominiais. Nesta circunstância, a obrigação devida em decorrência da má conservação do imóvel da recorrente há de ser incluída na ressalva do mencionado dispositivo (STJ, REsp 199.801/RJ, Terceira Turma, Rel. Min. Waldemar Zveiter, j. 16/05/2000, *DJU*, 02/10/2000, p. 163).

PROCESSUAL CIVIL. Execução de sentença. Cobrança de despesas condominiais. Processo de conhecimento. Nulidade. Falta de citação da mulher. Improcedência. Preclusão. Ilegitimidade. Ação pessoal. Penhorabilidade do bem. Art. 3º, IV, da Lei nº 8.009/1990. Despesas de condomínio. Mudança de orientação da turma. Precedentes. Recurso desacolhido. I. A ação de cobrança de despesas de condomínio tem natureza jurídica de ação pessoal, dispensando, por conseguinte, a citação dos dois cônjuges. II. A exceção contemplada pelo inciso IV do art. 3º da Lei nº 8.009/1990 abrange a dívida oriunda das despesas de condomínio, podendo, portanto, ser penhorado o imóvel residencial (STJ, REsp 99.685/RS, Quarta Turma, Rel. Min. Sálvio de Figueiredo Teixeira, j. 30/04/1998, *DJU*, 22/06/1998, p. 83).

No inciso V, acertadamente o legislador incluiu a possibilidade de penhora do bem de família em caso de oferecimento do imóvel em hipoteca como garantia real pelo casal ou entidade familiar.

Se o titular do bem o pode alienar, com muito mais razão o poderá gravar em hipoteca, uma vez que a Lei nº 8.009/1990 somente previu que o bem de família seria impenhorável, sem impor-lhe, entretanto, a inalienabilidade.

No entanto, o gravame não é eficaz em relação ao mutuário, se for constituído pelo construtor em favor da financeira, nos termos do julgado do STJ abaixo:

> SISTEMA FINANCEIRO DA HABITAÇÃO. Casa própria. Hipoteca. Efeito sobre o mutuário. Bem de família. Embargos de terceiro. A Lei nº 8.009/1990 impede a execução de imóvel adquirido pelo mutuário, no SFH, destinado à moradia da família, estando o bem imune à hipoteca instituída pela construtora em favor do financiador. Recurso conhecido e provido (STJ, REsp 171.421/SP, Quarta Turma, Rel. Min. César Asfor Rocha, j. 06/10/1998, *DJU*, 29/03/1999, p. 182).

A exceção do inciso VI prevê a quebra da impenhorabilidade do bem de família em duas hipóteses: por terem sido os bens que o compõem adquiridos com produto de crime e na execução de sentença penal condenatória a ressarcimento, indenização ou perdimento de bens.

Trata-se de norma salutar, pois, se a lei salvaguardasse esses bens, estaria indiretamente acobertando e até incentivando a prática de delitos.

Na primeira hipótese, o legislador afastou a impenhorabilidade do bem adquirido com o produto de crime, que direta ou indiretamente produza vantagem pecuniária capaz de proporcionar ao infrator a aquisição criminosa. Comprovada tal conduta por sentença condenatória transitada em julgado, em respeito à Constituição Federal, art. 5º, inciso LVII, qualquer credor, independentemente da natureza de seu crédito, pode buscar sua satisfação mediante constrição judicial, sem que a impenhorabilidade do bem de família possa ser alegada pelo réu de forma eficaz.

Cumpre observar, ainda, em relação a essa primeira parte do inciso em exame, que a palavra *crime* não deve receber uma interpretação literal, devendo ser entendida como *infração penal* para poder incluir a contravenção produtora de vantagem econômica para o agente, uma vez que mais de acordo com os fins protetores da norma, privilegiando o credor de boa-fé em detrimento de devedor de má-fé.

Na segunda hipótese do inciso em análise, a sentença definitiva penal condenatória a ressarcimento, indenização ou perdimento de bens, título executivo judicial previsto no CPC, art. 584, inciso II, torna certa a obrigação de indenizar o dano causado pelo crime (CP, art. 91, I) e impede a argüição eficaz da impenhorabilidade do bem de família do apenado, por constituir-se em seu único imóvel residencial, no qual abriga sua família.

De forma análoga, na desapropriação de terras com plantações psicotrópicas, modalidade especial de perdimento de bens, estabelecida no art. 243 da Constituição Federal, não poderá o dono dessas terras invocar sua intangibilidade, sob o argumento de estarem protegidas pela Lei nº 8.009/1990.

Cabe aqui assinalar que, nessa segunda hipótese, são irrelevantes a conotação econômica do crime e o fato do bem ser produto ou não de infração penal. Além disso, somente o ofendido, seu representante legal ou seus herdeiros poderão promover a execução civil, a teor do que preceitua o Código de Processo Penal, art. 63.

É de ver também que o afastamento da impenhorabilidade do imóvel do condenado constituído em bem de família não viola o princípio da intranscendência, pois a Constituição, no art. 5º, inciso XLV, faz a ressalva de que pode "a obrigação de reparar o dano e a decretação do perdimento de bens ser, nos termos da lei, estendidas aos sucessores e contra eles executadas, até o limite do valor do patrimônio transferido".

Finalmente, a última e a mais polêmica exceção à impenhorabilidade legal, prevista no inciso VII do artigo em exame, acrescentada pela Lei nº 8.245/1991, art. 82, trata do imóvel residencial do fiador, que pode ser penhorado em execução judicial por responsabilidade decorrente da fiança concedida em contrato de locação.

Primeiramente, deve-se logo excluir dessa exceção as situações anteriores à vigência da Lei do Inquilinato, visto que a impenhorabilidade do imóvel residencial do fiador só poderia ser afastada nas fianças prestadas a partir de 19 de dezembro de 1991. Para as fianças posteriores à vigência da Lei referida, tem sido aplicado o dispositivo em exame, apesar de pairar sobre ele, na doutrina e na jurisprudência, funda controvérsia acerca de sua constitucionalidade.

Defendendo o entendimento de que é cabível tal exceção à impenhorabilidade do bem de família legal, argumenta Álvaro Villaça de Azevedo:

> Tal exceção, como posta, poderia parecer verdadeira incongruência; pois, tendo o inquilino como impenhoráveis os bens que guarnecem sua residência, poderia seu fiador sofrer execução de seu bem de família, sua residência.
>
> Assistimos, nesse caso, a execução do patrimônio do fiador, sem possibilidade de exercer o beneficio de ordem; a execução do acessório sem a possibilidade de executar-se o principal.
>
> Acresce, ainda, que tal preceito leva a que seja executado o responsável (fiador), sem a possibilidade de execução do devedor (o locatário, afiançado); e, mais, que sendo o primeiro, não possa ele exercer seu direito de regresso contra o segundo.
>
> Tudo parece incrível ante o instituto da fiança, como garantia fidejussória, de natureza pessoal, sem vincular bem específico do fiador. Nesse caso, realmente, não poderia existir penhora, a não ser em bem disponível; jamais sobre bem de família.
>
> Todavia, a fiança locatícia apresenta natureza jurídica diversa, pois estabelece a vinculação de um bem específico, oferecido em garantia. Esse bem fica gravado, por um contrato real de penhor ou de verdadeira hipoteca, pois o art. 38 da Lei do Inquilinato, nº 8.245, de 18/10/1991, exige, em seu § 1º, que: "A caução em bens imóveis deverá ser registrada em Cartório de Títulos e Documentos; a em bens imóveis deverá ser averbada à margem da respectiva matrícula."
>
> Com todas essas providências, registrais, como visto, não se cuida de mera garantia fidejussória, que vincula, mais, a pessoa do garantidor. Trata-se de direito real sobre coisa alheia. O locador tem direito de executar o bem específico dado em penhor.
>
> Assim, como existe um contrato em que o bem do fiador se torna penhorado ou hipotecado, quer se trate, respectivamente,

de bem móvel ou imóvel, dado em garantia, esse ato jurídico perfeito, cuja validade se estende a terceiros, é erga omnes; não há que se falar em sua desconstituição por ser bem de família.[76]

No entanto, não obstante a construção lógica do referido doutrinador, fundada no ordenamento jurídico infraconstitucional, existe uma Lei Maior que não pode ser esquecida e que deve prevalecer sobre as demais leis, obrigando o aplicador e o intérprete destas a uma leitura à luz daquela.

Como é cediço, a atual Constituição Federal, alterada pela Emenda Constitucional nº 26, de 14 de fevereiro de 2000, passou a incluir no rol de direitos sociais do art. 6º o direito fundamental à moradia, muito embora antes disso já se vislumbrasse com bastante certeza a sua existência implícita, forte, no § 2º do art. 5º da Constituição Federal de 1988.[77]

Nesse sentido, os termos do Parecer nº 279, de 1997, da Comissão de Constituição, Justiça e Cidadania, acerca da PEC nº 28, de 1996, que resultou na EC nº 26:

> Por outro lado, é bom anotar que o direito à moradia está consignado na Lei Maior de 5 de outubro de 1988, se não no art. 6º, em outros dispositivos do Estatuto Supremo.
>
> Assim o art. 23, IX, da Constituição Federal estabelece que é da competência comum da União, dos estados e dos Municípios promover programas de construção da moradia e a melhoria das condições habitacionais e do saneamento básico.
>
> No mesmo rumo do reconhecimento da importância do direito à moradia é que o art. 7º da Carta Magna preceitua, no seu inciso IV, que o salário mínimo deverá ser capaz de atender às necessidades vitais básicas do trabalhador e às de sua família com moradia, alimentação, educação, saúde, lazer, vestuário, higiene, transporte e previdência social.[78]

---

76. Azevedo, Álvaro Villaça de. *Bem de família com comentários à Lei nº 8.009/1990*. São Paulo: RT, 2002, p. 198-199.

77. Sarlet, Ingo Wolfgang. *Eficácia dos direitos fundamentais*. Porto Alegre: Livraria do Advogado, 2005, p. 95.

78. Parecer nº 279 da CCJC sobre a PEC nº 28, publicado no *Diário de Senado Federal* em 24/05/1997, p. 10.379.

Assim, já que constante da Lei Maior como direito fundamental, o direito à moradia obviamente deve ser observado por todo o ordenamento jurídico brasileiro, em razão de sua superioridade hierárquica e, em especial, por seu *status* de núcleo material da Constituição.

Portanto, a norma infraconstitucional, inclusive o inciso VII do qual aqui se trata, deve-se submeter ao direito fundamental à moradia, sendo inconcebível inversão de valores a prevalência da penhora do bem de família do fiador, em contemplação a um direito de crédito, quando em confronto com um preceito constitucionalmente previsto.

Considerando essa constatação irrefutável, Eliane Maria Barreiros Aina arrola os seguintes efeitos para a norma que garante o direito à moradia:

a) revogação de todos os atos normativos anteriores à vigência da Constituição que direta ou indiretamente lesionassem o direito à moradia;
b) vinculação do legislador no sentido de legislar de forma a concretizar o acesso à moradia por parte dos cidadãos, além de resguardar o direito de quem já a possui;
c) impedimento da edição de normas, por parte do Poder Legislativo, que contrariem a norma fundamental, possibilitando o seu controle de constitucionalidade;
d) elevação do direito à moradia a parâmetro de interpretação, integração e subsunção das demais normas jurídicas constitucionais e das normas jurídicas infraconstitucionais, sendo relevante a releitura do direito privado, de origem liberal individualista, sob a ótica social constitucional;
e) geração de, no mínimo, direito subjetivo negativo, exigindo-se do Estado e dos particulares a abstenção de qualquer ato que atente contra essa proteção jusfundamental;
f) proibição de retrocesso, no sentido de impedir que se revoguem normas jurídicas já existentes concretizadoras de uma proteção jusfundamental.[79]

79. Aina, Eliane Maria Barreiros. *O fiador e o direito à moradia*. Rio de Janeiro: Lúmen Júris, 2004, p. 118-124.

Como se pode ver, a Lei nº 8.009/1990, em seu art. 3º, inciso VII, contraria várias garantias do direito à moradia, restringindo-lhe os efeitos quanto ao fiador de relação locatícia, em verdadeira oposição ao mandamento constitucional que exige uma atitude negativa do legislador e do Estado, no sentido de não se poder legislar ou atuar contraditoriamente às determinações constitucionais de proteção a esse direito fundamental. O inciso em exame constitui um retrocesso, visto que revoga a norma que qualifica o único imóvel do fiador, no qual reside com sua família, como impenhorável.

Diante do exposto, pode-se concluir que a norma permissiva da penhora do bem de família do fiador de relação locatícia confronta a Constituição Federal, por incompatível com o direito fundamental à moradia e com o princípio constitucional da igualdade, uma vez que dá tratamento diverso a pessoas que se encontram rigorosamente na mesma situação fática, no caso, o fiador e o locatário proprietários de um único bem imóvel cada um, que lhes servem de moradia.

Nesse sentido é a decisão proferida no Recurso Extraordinário nº 352.940-4-SP, cuja ementa segue abaixo transcrita:

> CONSTITUCIONAL. CIVIL. FIADOR: BEM DE FAMÍLIA: IMÓVEL RESIDENCIAL DO CASAL OU DE ENTIDADE FAMILIAR: IMPENHORABILIDADE. Lei nº 8.009/1990, arts. 1º e 3º. Lei nº 8.245, de 1991, que acrescentou o inciso VII ao art. 3º, ressalvando a penhora "por obrigação decorrente de fiança concedida em contrato de locação": sua não-recepção pelo art. 6º, CF, com a redação da EC nº 26/2000. Aplicabilidade do princípio isonômico e do princípio de hermenêutica: ***ubi eadem ratio, ibi eadem legis dispositio***: onde existe a mesma razão fundamental, prevalece a mesma regra de Direito. Recurso extraordinário conhecido e provido. (RE 352940-4/SP, Rel. Min. Carlos Velloso, julgamento em 25/04/2005)

No entanto, esse posicionamento foi recentemente alterado no julgamento do Recurso Extraordinário nº 407.688-SP, tendo como relator o ministro Cezar Peluso. A decisão utilizou basicamente o argumento de que não há conflito entre a Lei nº 8.009/1990 e a Constituição, alegando que, se prevalecesse o entendimento contrário, haveria um desequilíbrio no mercado imobiliário e, em última análise, um prejuízo ao direito fundamental à moradia dos mais necessitados, em razão da diminuição da oferta de imóveis para locação.

> EMENTA: **FIADOR. Locação. Ação de despejo. Sentença de procedência. Execução. Responsabilidade solidária pelos débitos do afiançado. Penhora de seu imóvel residencial. Bem de família. Admissibilidade. Inexistência de afronta ao direito de moradia, previsto no art. 6º da CF. Constitucionalidade do art. 3º, inciso VII, da Lei nº 8.009/1990, com a redação da Lei nº 8.245/91. Recurso extraordinário desprovido. Votos vencidos.** A penhorabilidade do bem de família do fiador do contrato de locação, objeto do art. 3º, inciso VII, da Lei nº 8.009, de 23 de março de 1990, com a redação da Lei nº 8.245, de 15 de outubro de 1991, não ofende o art. 6º da Constituição da República. (RE 407688/SP, Rel. Min. Cezar Peluso, julgamento em 08/02/2006)

Em contraposição a esse entendimento, manifestaram-se os ministros Eros Grau, Carlos Ayres Britto e Celso de Mello, proferindo votos no sentido da inconstitucionalidade do inciso em exame. Extraiu-se trechos de cada pronunciamento, transcrevendo-os abaixo, por serem bastante instrutivos.

> **MINISTRO EROS GRAU:** a impenhorabilidade do imóvel residencial instrumenta a proteção do indivíduo e sua família quanto a necessidades materiais,de sorte a prover à sua subsistência. Aí, enquanto instrumento a garantir a subsistência individual e familiar – a dignidade da pessoa humana, pois –, a propriedade consiste em um direito individual e cumpre função individual. Como tal é garantida pela generalidade das Constituições de nosso tempo. A essa propriedade, aliás, não é imputável função social; apenas os abusos cometidos no seu exercício encontram limitação, adequada, nas disposições que implementam o chamado poder de polícia estatal.
>
> Se o benefício da impenhorabilidade viesse a ser ressalvado quanto ao fiador em uma relação de locação, poderíamos

chegar a uma situação absurda: o locatário que não cumprisse a obrigação de pagar aluguéis, com o fito de poupar para pagar prestações devidas em razão de aquisição de casa própria, gozaria da proteção da impenhorabilidade. Gozaria dela mesmo em caso de execução procedida pelo fiador cujo imóvel resultou penhorado por conta do inadimplemento das suas obrigações, dele, locatário. Quer dizer, sou fiador; aquele a quem prestei fiança não paga o aluguel, porque está poupando para pagar a prestação da casa própria, e tem o benefício da impenhorabilidade; eu não tenho o benefício da impenhorabilidade. A afronta à isonomia parece-me evidente.

MINISTRO CARLOS BRITTO: a Constituição usa o substantivo "moradia" em três oportunidades: a primeira, no art. 6º, para dizer que a moradia é direito social; a segunda, no inciso IV do art. 7º, para dizer, em alto e bom som, que a moradia se inclui entre as "necessidades vitais básicas" do trabalhador e da sua família; e, na terceira vez, a Constituição usa o termo "moradia" como política pública, inserindo-a no rol de competências materiais concomitantes do Estado, da União, do Distrito Federal e dos Municípios (art. 23, inciso IX). A partir dessas qualificações constitucionais, sobretudo aquela que faz da moradia uma necessidade essencial, vital básica do trabalhador e de sua família, entendo que esse direito à moradia se torna indisponível, é não-potestativo, não pode sofrer penhora por efeito de um contrato de fiação. Ele não pode, mediante um contrato de fiação, decair.

MINISTRO CELSO DE MELLO: a Constituição brasileira, **ao positivar** a declaração de direitos, **proclamou**, dentre aqueles **impregnados** de caráter social, **o direito à moradia**, assim qualificado **pela EC nº 26**, de 14/02/2000.

Cabe assinalar, neste ponto, por relevante, **que o direito à moradia** – que representa **prerrogativa constitucional** deferida a todos (CF, art. 6º) – **qualifica-se** como um dos direitos sociais mais expressivos, **subsumindo-se** à noção dos direitos de **segunda** geração (**RTJ** 164/158-161).

A essencialidade desse direito **é também proclamada por declarações internacionais** que o Brasil subscreveu **ou** a que o nosso País aderiu, **valendo referir**, dentre elas, a Declaração Universal dos Direitos da Pessoa Humana (art. 25) **e** o Pacto Internacional dos Direitos Econômicos, Sociais e Culturais (art. 11), **que dispõem sobre o reconhecimento do direito à moradia** como expressão de um direito fundamental **que assiste** a toda e qualquer pessoa.

Na realidade, a Constituição da República, **ao conferir** positividade jurídica ao direito à moradia, **nada mais refletiu** senão a grave preocupação já anteriormente externada pelo Estado brasileiro no plano internacional, **tanto** que o Brasil **assumiu**, nesse âmbito, **compromissos inequívocos** de cuja implementação **depende** a efetiva concretização dessa prerrogativa básica **reconhecida** às pessoas, tal como resulta – **segundo observa** SÉRGIO IGLESIAS NUNES DE SOUZA (***Direito à Moradia e de Habitação***, p. 348, item n. 8, 2004, RT) – **dos** "**termos da Agenda Habitat** estabelecida na Conferência do Habitat II de Istambul, **segundo a qual** os governos devem tomar apropriadas medidas para promover, proteger e assegurar a plena e progressiva realização do direito à moradia, **em conformidade** com o que dispõe o inciso IX do art. 23 da Constituição Federal da República, **sendo da competência comum** da União, dos Estados, do Distrito Federal e dos Municípios **tutelar** o direito à moradia (...)"

Dentro do contexto pertinente ao direito à moradia, torna-se **relevante** observar, **na linha** da reflexão feita pelo eminente Professor LUIZ EDSON FACHIN (***Estatuto Jurídico do Patrimônio Mínimo***, 2001, Renovar), **que se impõe**, ao Estado, **dispensar tutela efetiva** às pessoas em geral, **notadamente** àquelas postas à margem das grandes conquistas sociais, **assegurando-lhes**, mediante adoção de medidas apropriadas, a proteção do patrimônio mínimo **fundada** em postulados inderrogáveis, como o princípio da dignidade da pessoa humana, **que representa** – enquanto um dos fundamentos da República (CF, art. 1º, III) – **valor revestido de centralidade** em nosso sistema constitucional.

Esse princípio fundamental, **valorizado** pela fiel observância **da exigência ético-jurídica** da solidariedade social – **que traduz** um dos objetivos fundamentais do Estado Social de Direito (CF, art. 3º, I) – **permite legitimar interpretações** que objetivem destacar, em referido contexto, o necessário respeito ao indivíduo, **superando-se**, desse modo, **em prol** da subsistência digna das pessoas, **restrições** que possam injustamente frustrar a eficácia de um direito tão essencial, **como o da intangibilidade** do espaço doméstico em que o ser humano vive com a sua família.

Daí a advertência, que se impõe considerar, de que se formou, **no âmbito** de nosso sistema jurídico, **um novo paradigma** a ser observado pelos elaboradores **e** pelos aplicadores da lei, **pois**, como bem assinalado pela Professora MARIA CELINA B. MORAES (“**A Caminho de um Direito Civil Constitucional**”, in ***Revista Estado, Direito e Sociedade***, vol. 1, 1991, PUC/RJ), “no Estado Democrático de Direito, **delineado** pela Constituição de 1988, **que tem** entre os seus fundamentos a dignidade da pessoa humana **e** os valores sociais do trabalho e da livre iniciativa, **o antagonismo público-privado** perdeu definitivamente o sentido. **Os objetivos constitucionais** de construção de uma sociedade livre, justa e solidária e de erradicação da pobreza **colocaram a pessoa humana** – isto é, os valores existenciais – **no vértice** do ordenamento jurídico brasileiro, que de modo tal é o valor que conforma todos os ramos do Direito. **Daí decorre** a urgente obra de controle de validade dos conceitos jurídicos tradicionais, **especialmente** os do direito civil, **à luz** da consideração metodológica que entende **que toda norma** do ordenamento deve ser interpretada **conforme** os princípios da Constituição Federal. **Desse modo**, a normativa fundamental **passa a ser a justificação direta** de cada norma ordinária que com aquela deve se harmonizar”.

Justificável, desse modo, **a ponderação** feita pelo eminente Ministro CARLOS VELLOSO, **em decisão** proferida no julgamento **do RE 352.940/SP, quando reconheceu a impenhorabilidade do único imóvel residencial** do prestador de fiança locatícia, **vindo a assegurar-lhe** a proteção constitucional **fundada** no direito à moradia **e cuja concretização** reside, em nosso sistema de direito positivo, na tutela estatal dispensada ao bem de família.

A **ratio** subjacente a esse entendimento **prende-se** ao fato de que o bem de família do devedor principal – que é o locatário – qualifica como garante **meramente** subsidiário (CC, art. 827) – **possa sofrer** a penhora **de seu único** imóvel residencial, **daí resultando** um paradoxo absolutamente inaceitável, pois, **presente** tal contexto, **falecer-lhe-á** a possibilidade de, **em regresso**, uma vez paga, por ele, a obrigação principal, **fazer incidir** essa mesma constrição judicial **sobre o único** imóvel residencial **eventualmente** pertencente ao inquilino. **É por esse motivo** que PABLO STOLZE GAGLIANO **e** RODOLFO PAMPLONA FILHO (**Novo Curso de Direito Civil – Parte Geral**, vol. I/288-289, item nº 5, 4ª ed., 2003, Saraiva), **analisando** esse **específico** aspecto da questão **sob a égide** do postulado da isonomia, **corretamente observam**: "**A Lei nº 8.245/1991** (Lei do Inquilinato) **acrescentou o inciso VII ao art. 3º da Lei nº 8.009/1990, estabelecendo** mais uma exceção à impenhorabilidade legal do bem de família: **a obrigação decorrente de fiança em contrato de locação**.

Em outras palavras: 'se o fiador for demandado pelo locador, visando à cobrança dos aluguéis atrasados, poderá o seu único imóvel residencial ser executado, para a satisfação do débito do inquilino'. **Não ignorando** que o fiador possa se obrigar solidariamente, o fato é que, na sua essência, 'a fiança é um contrato meramente acessório' pelo qual um terceiro (fiador) assume a obrigação de pagar a dívida, se o devedor principal não o fizer. **Mas seria razoável garantir o cumprimento** desta obrigação (essencialmente acessória) do fiador com o seu

> único bem de família? **Seria tal norma constitucional? Partindo-se da premissa de que as obrigações do locatário e do fiador** têm a **mesma** base jurídica – o contrato de locação –, '**não é justo** que o garantidor responda com o seu bem de família, **quando** a mesma exigência **não é feita** para o locatário'. **Isto é**, se o inquilino, fugindo de suas obrigações, viajar para o interior da Bahia, e 'comprar um único imóvel residencial', este seu bem será 'impenhorável', **ao passo** que o fiador continuará respondendo com o seu próprio 'bem de família' perante o locador que não foi pago. **À luz** do Direito Civil Constitucional – **pois não há outra forma** de pensar modernamente o Direito Civil –, **parece-me forçoso concluir** que este dispositivo de lei '**viola** o princípio da isonomia' **insculpido** no art. 5º da CF, uma vez que '**trata de forma desigual locatário e fiador**', embora as obrigações de ambos tenham a mesma causa jurídica: o contrato de locação."

De fato, seria, no mínimo, pouco criativo afirmar que a única solução para esse problema é o sacrifício do direito à moradia do fiador, juntamente com a desconsideração do princípio da isonomia, uma vez que já existe a alternativa de se ampliar o seguro-fiança locatício, apesar de haver resistência por parte das seguradoras em massificar esse tipo de cobertura. Além dessa, novas soluções podem ser desenvolvidas pelo mercado e fomentadas pelo Poder Público.

Cumpre ressaltar, ainda, que a violação de um direito que está na base do ordenamento jurídico brasileiro só seria possível para contemplar outro direito de igual relevância. Não parece ser esse o caso presente, que, em verdade, busca sacrificar direitos constitucionais fundamentais em prol de um simples direito de crédito.

O art. 4º, em seu *caput* e § 1º, acrescentam mais uma hipótese em que é afastada a impenhorabilidade do imóvel constituído em bem de família, além das exceções elencadas no artigo anterior.

Trata-se do caso em que o devedor executa manobras ilícitas, com o intuito de se furtar ao pagamento de suas dívidas. Para configuração de tal hipótese, a lei exige três requisitos: atuação de má-fé por parte do devedor, consciência da própria insolvência e aquisição de imóvel mais valioso para transferir a residência familiar, desfazendo-se ou não da moradia antiga.

Verificando o desvio na finalidade do instituto, a lei dá poderes ao juiz para, em ação pauliana intentada pelo credor, anular o ato de alienação ou desfazer a transferência indevida da impenhorabilidade do imóvel de menor valor para outro mais valorizado, a depender da circunstância de haver ou não alienação da antiga moradia respectivamente.

No caso do devedor transferir sua residência para imóvel de maior valor, sem alienação do anterior, não haverá maiores dificuldades, pois bastará o retorno à situação anterior à transferência, permitindo-se a excussão do imóvel mais valorizado para a satisfação dos credores e mantendo-se a impenhorabilidade da antiga residência, em proteção à entidade familiar do devedor, que não terá de pagar pelos erros de um de seus membros.

Entretanto, no caso da aquisição do imóvel mais valioso, mediante alienação do anterior, menos valorizado, a solução não é tão simples, uma vez que envolve terceiros.

Em vista disso, primeiramente deve-se verificar se a alienação da antiga residência foi a título gratuito ou oneroso. Se for caso de liberalidade, a alienação será anulada e as partes retornarão ao estado anterior, de sorte a se enquadrar na mesma situação analisada sobre transferência pura e simples da impenhorabilidade, tendo, por conseguinte, a solução idêntica de se permitir a excussão do imóvel mais valioso.

Se, no entanto, a alienação se processar onerosamente, caberá investigar se o terceiro adquirente tinha ciência da má-fé perpetrada pelo alienante ou agia de boa-fé, sem ter conhecimento das manobras ilícitas do outro contratante.

No caso de má-fé de ambos os contratantes, a venda será anulada, com o retorno do bem ao patrimônio do alienante, tendo a mesma solução dada para a alienação a título gratuito. Se for caso de anulação de permuta, os credores poderão se satisfazer pelo saldo entre os preços dos imóveis mais e menos valorizados, retornando o imóvel antigo à condição de impenhorabilidade.

Por outro lado, se o adquirente agir de boa-fé, não poderá ele ser prejudicado, devendo o alienante arcar com as conseqüências do seu ato, sem envolver terceiros inocentes. Bastará, então, nesse caso, permitir a execução do novo imóvel, até o valor que ultrapassar o do antigo, restando esse valor antigo impenhorável. Essa parece ser a interpretação mais equânime para o dispositivo em análise, em consonância com o princípio fundamental à moradia.

A Lei nº 8.009/1990, no art. 4º, primeira parte do § 2º, em combinação com o parágrafo único do art. 1º da mesma Lei, determina a equiparação da propriedade rural à urbana, para efeito de resguardar a moradia da família, estendendo-se tal proteção aos móveis, utensílios e equipamentos, como tratores, colheitadeiras, arados, entre outros, além das plantações e benfeitorias de qualquer natureza.

A segunda parte do mesmo dispositivo inclui como bem de família a já protegida pequena propriedade rural referida na Constituição Federal de 1988, art. 5º, inciso XXVI, e definida no Estatuto da Terra, dentro do limite de 50 hectares, como se infere do art. 191 da Constituição, desde que trabalhada pela família.

O *caput* do art. 5º da Lei nº 8.009/1990 define a proteção do único prédio que sirva efetivamente de residência ao conjunto familiar, consideradas as possíveis exceções apresentadas nos comentários do presente trabalho ao art. 1º da mesma Lei.

No que se refere à hipótese de entidade familiar ser possuidora de vários imóveis utilizados como residência, a impenhorabilidade legal terá de recair sobre o de menor valor, a não ser que recorra à constituição do bem de família voluntário, nos moldes preconizados pelo Código Civil (antigo art. 70 do CC/1916 e atual art. 1.711 e seguintes do CC/2002), quando então a impenhorabilidade passará a incidir sobre o imóvel escolhido pelo instituidor.

A Medida Provisória nº 143 suspendeu as execuções em andamento na época de sua publicação e deu origem à Lei nº 8.009/1990, que cancelou as referidas *execuções*, por meio do art. 6º em análise.

Tal dispositivo foi alvo de muitas controvérsias ao tempo de sua edição, dando margem a várias interpretações díspares, tendo em vista a criticável maneira pela qual foi redigido.

Numa interpretação literal, entendiam alguns que se tratava de nova espécie de remissão de dívidas, em afronta ao inciso XXXVI, constante do art. 5º da Constituição da República, que prevê a proteção do direito adquirido e do ato jurídico perfeito. Em razão disso, logo de início, o artigo teve a sua inconstitucionalidade argüida.

Entretanto, não foi essa interpretação textual que prevaleceu, fazendo-se uma leitura à luz da Constituição para entender que o artigo se referia tão-somente ao cancelamento dos atos expropriatórios sobre os bens protegidos pela Lei nº 8.009/1990.

Nesse sentido, o pronunciamento de Álvaro Villaça de Azevedo: "Ressalte-se, antes, a impropriedade do legislador ao mencionar canceladas as execuções, pois nem elas nem os delitos podem ser cancelados. O que se pretendeu dizer foi cancelamento de penhoras, o que é coisa bem diversa."[80]

A esse respeito, Rainer Czajkowski faz os seguintes comentários:

> Afortunadamente, no pormenor, os tribunais desde a primeira hora acharam por bem entender o dispositivo como querendo referir-se ao cancelamento das penhoras, possibilitando ao credor continuar na execução sobre outros bens penhoráveis acaso existentes no patrimônio do devedor.[81]

Não obstante a pacificação de tal entendimento, restava saber se o cancelamento da penhora previsto na Lei nº 8.009/1990 poderia atingir ou não aquelas efetivadas antes de sua vigência, bem como os créditos anteriores ainda não ajuizados. Sendo isso possível, questionava-se acerca da constitucionalidade de tal dispositivo.

A corrente doutrinária que propugnava pela inconstitucionalidade do artigo em questão baseava-se no argumento de que, apesar desse art. 6º configurar norma processual, a matéria tratada na Lei nº 8.009/1990 é de natureza material, não podendo subsistir frente aos princípios constitucionais insculpidos no art. 5º, XXXVI, que restaria violado.

---

80. Azevedo, Álvaro Villaça. *Bem de família com comentários à Lei nº 8.009/1990*. São Paulo: RT, 2002, p. 205.

81. Czajkowski, Rainer. *A impenhorabilidade do bem de família: comentários à Lei nº 8.009/1990*. Curitiba: Juruá, 1992, p. 26.

Nesse sentido, Enio Moraes da Silva afirma:

> A superveniência de lei que venha a prejudicar o crédito do exeqüente não há que ser acolhida. E é o que aconteceria se ao exeqüente fosse vedado apreender o único bem penhorável do devedor: fulminaria em cheio o seu direito. Todavia, quando o devedor contraiu a sua obrigação, o sujeito ativo nesta relação jurídica visualizava todo o patrimônio daquele. A garantia do credor residia neste patrimônio contemporâneo, apurado no momento da concretização da relação jurídica.[82]

Compartilhavam desse entendimento também Rogério Medeiros Garcia de Lima,[83] Donaldo Armelin,[84] Roberto Rosas[85] e Rainer Czajkowski,[86] entre outros.

Assim, a penhora efetivada na vigência da lei anterior, segundo essa doutrina, estaria perfeitamente concretizada, constituindo ato jurídico perfeito e, por isso, insuscetível de ser alcançado pela lei nova.

De outro lado, a corrente doutrinária que tinha o referido art. 6º como constitucional pautava-se nos argumentos seguintes: a Lei nº 8.009/1990 é de natureza híbrida, onde o art. 6º é preceito de natureza claramente processual, tratando-se, portanto, de norma de ordem pública de vigência imediata; além disso, a penhora não é ato-fim, mas sim ato-meio, dentro de um procedimento complexo visando à expropriação judicial, não podendo, assim, ser considerado ato jurídico perfeito; ainda que se considerasse a penhora como ato jurídico processual perfeito, a vigência imediata da lei nova não permitiria a continuidade dos atos expropriatórios a partir de então;

---

82. Silva, Ênio Moraes da. *Considerações críticas sobre o novo bem de família (doutrina e jurisprudência)*. Curitiba: Juruá, 1993, p. 65.

83. Lima, Rogério Medeiros Garcia de. "Da irretroatividade da Lei nº 8.009/1990." *Revista dos Tribunais*, ano 80, v. 669. São Paulo: RT, 1999, p. 260-261.

84. Armelin, Donaldo. "Impenhorabilidade do bem de família (retroeficácia da Lei nº 8.009/1990)." *Jurisprudência brasileira*, v. 170. Curitiba: Juruá, 1993, p. 21-30.

85. Rosas, Roberto. "Direito intertemporal processual." *Revista dos Tribunais*, ano 71, v. 559. São Paulo: RT, 1982, p. 10.

86. Czajkowski, Rainer. *A impenhorabilidade do bem de família: comentários à Lei nº 8.009/1990*. Curitiba: Juruá, 1992, p. 25-26.

a penhora, por fim, configura-se somente em mera expectativa de direito e, como tal, sujeita às alterações provocadas pela nova lei.

Comungavam dessa opinião Munir Karan,[87] Durval Ramos Neto[88] e Antonio de Pádua Ferraz Nogueira,[89] entre outros.

A jurisprudência, após certa vacilação, firmou o entendimento de que a Lei nº 8.009/1990, inclusive o seu art. 6º, é constitucional, aplicando-se às penhoras realizadas anteriormente a sua vigência, sendo até objeto da Súmula nº 205, editada pelo Superior Tribunal de Justiça, do seguinte teor: "A Lei nº 8.009/1990, de 29 de março de 1990, aplica-se à penhora realizada antes de sua vigência."

Hoje, no entanto, tal discussão só tem interesse histórico e acadêmico, uma vez que se trata de norma temporária, perdendo o sentido pela pacificação do entendimento e pelo decurso do tempo.

87. Karam, Munir. "Da nova impenhorabilidade dos bens residenciais." *Revista dos Tribunais*, ano 79, v. 659. São Paulo: RT, 1990, p. 232-234.

88. Ramos Neto, Durval. "A constitucionalidade do art. 6º da Lei nº 8.009/1990", de 29/03/1991. *Revista OAB – Bahia*, ano 5, nº 2. Salvador: OAB-Bahia, 1992, p. 52.

89. Nogueira, Antonio de Pádua Ferraz. "Fundamentos sociojurídicos do bem de família (Lei nº 8.009/1990)." *Revista dos Tribunais*, ano 82, v. 691. São Paulo: RT, 1993, p. 10.

CAPÍTULO 3

O DIREITO FUNDAMENTAL À MORADIA

3.1. CONSIDERAÇÕES SOBRE DIREITOS FUNDAMENTAIS

A expressão *direitos humanos* indica o conjunto de faculdades e instituições que, em cada momento histórico, concretiza as exigências da dignidade, da liberdade e da igualdade humana como direitos que devem ser reconhecidos positivamente pelos ordenamentos jurídicos nacionais e internacionais.

Nesse sentido, diversos outros termos são equiparados aos direitos humanos, tais como: direitos naturais, direitos fundamentais do homem, direitos do homem, direitos individuais, direitos públicos subjetivos, liberdades fundamentais e liberdades públicas.

Tais direitos, quando reconhecidos e positivados na esfera constitucional de determinado Estado, passam a ser chamados direitos fundamentais.

Os direitos fundamentais possuem uma elevada posição hermenêutica em relação aos demais direitos previstos no ordenamento jurídico, apresentando, por essa razão, certas características particulares, tais como: imprescritibilidade, inalienabilidade, irrenunciabilidade, inviolabilidade, universalidade, efetividade, interdependência e complementaridade.

No Brasil, os direitos fundamentais classificam-se constitucionalmente em individuais e coletivos, sociais, de nacionalidade, políticos e os relacionados à existência, organização e participação em partidos políticos. (Constituição Federal de 1988, Título II.)

Cumpre ressaltar que a constitucionalização dos direitos humanos não é mera enunciação formal de princípios. Ao contrário, ela constitui a positivação de direitos para que o indivíduo possa exigir sua tutela perante o Poder Judiciário, fortalecendo a democracia.

No decorrer de sua evolução histórica, pode-se verificar que os direitos fundamentais tradicionalmente vêm previstos em capítulos à parte nas diversas Constituições brasileiras.

Desse modo, a Constituição do Império previa extenso rol de direitos fundamentais, consagrando em seu texto direitos e garantias individuais. Tal rol expresso de direitos fundamentais foi repetido pelas constituições republicanas que se seguiram, com a manutenção dos tradicionais direitos e garantias individuais e o acréscimo de outros. Isso se deu inclusive na Constituição de 1937, não obstante as características políticas preponderantes naquele momento histórico.

A Carta de 1946, além de prever um capítulo específico para os direitos e garantias individuais, estabeleceu diversos direitos sociais relativos aos trabalhadores e empregados, seguindo a tendência da época. Trouxe, ainda, proteção à família, à educação e à cultura. A Constituição de 1967 também previu direitos e garantias individuais e sociais, seguindo a tradição brasileira de enumeração exemplificativa, assemelhando-se muito à anterior. A EC de 1969, apesar de não trazer substancialmente qualquer alteração formal na enumeração dos direitos fundamentais, produziu profundas e lamentáveis alterações na Constituição de 1967, possibilitando inúmeras restrições aos direitos e garantias individuais.[1]

Comparando-se a Constituição de 1988 com as anteriores, pode-se afirmar que na Carta de 1988 a matéria relativa aos direitos fundamentais foi tratada com uma relevância sem precedentes na história do constitucionalismo brasileiro, sendo a primeira a destinar um título próprio ao tema, o Título II. Tal avanço se deveu a uma Assembléia Nacional Constituinte eleita livremente, fato que propiciou um debate histórico sobre o que viria a ser o conteúdo da Constituição vigente.

A Constituição de 1988 caracteriza-se pelo caráter analítico, pelo pluralismo e pelo forte cunho programático e dirigente. Essas características analítica e regulamentarista se refletiram também no

---

1. Moraes, Alexandre de. *Constituição do Brasil interpretada*. São Paulo: Atlas, 2004, p. 168-169.

rol de direitos e garantias fundamentais, demonstrando certa desconfiança em relação ao legislador infraconstitucional, além de explicitar a intenção de salvaguardar uma série de reivindicações e conquistas contra uma eventual erosão ou supressão desses direitos.

Vale aqui ressaltar os aspectos inovadores trazidos pela atual Constituição, que a diferenciam das demais. Entre eles, pode-se destacar a situação topográfica dos direitos fundamentais, positivados no início da Carta, em posição de destaque, logo após o preâmbulo e os princípios fundamentais; a própria terminologia *direitos e garantias fundamentais* também constitui novidade; a acolhida dos direitos fundamentais sociais em capítulo próprio, destacado do capítulo sobre a ordem econômica e social, ao contrário do que ocorria em Constituições anteriores; a significativa inovação do § 1º do art. 5º da CF/1988 que dá aplicabilidade imediata aos direitos fundamentais, excluindo, a princípio, o cunho programático desses preceitos e dando um *status* jurídico diferenciado e reforçado a essas normas; a maior proteção do rol de direitos e garantias individuais, incluindo-os entre as chamadas *cláusulas pétreas* do art. 60, § 4º, da CF/1988; por fim, o aumento do rol de direitos fundamentais de forma sem precedentes é também um aspecto diverso digno de referência.

Por outro lado, apesar dos direitos fundamentais estarem vivenciando o seu melhor momento histórico, no que diz respeito ao reconhecimento pela ordem jurídica positiva interna e aos instrumentos colocados à disposição dos operadores do Direito, há pontos passíveis de crítica, tanto no que concerne à sistemática adotada pelo constituinte, quanto no que se refere à técnica legislativa, além de equívocos e lacunas.

Com efeito, a falta de rigor científico – especialmente quanto à terminologia utilizada – é uma das principais fraquezas do catálogo de direitos fundamentais, como se pode verificar no anúncio genérico do art. 6º quanto aos direitos sociais básicos, que deverão ser buscados no capítulo sobre a ordem econômica.

Outrossim, a amplitude do rol também revela fraquezas, pois há diversas posições jurídicas de *fundamentalidade* discutível, o que poderia trazer um certo desprestígio ao especial *status* gozado pelos direitos fundamentais. Há vários dispositivos que poderiam ter sido deixados ao legislador infraconstitucional ou enquadrados em outra parte da Constituição, como é o caso das normas de natureza penal dos incisos XLII e XLIII do art. 5º da CF/88 e outras de natureza organizacional (art. 14, § 3º, incisos I a VI, e §§ 4º a 8º da CF).

Quanto às lacunas, foi sentida a ausência de normas expressas genéricas sobre as restrições relativas aos direitos fundamentais, tais como a proteção do núcleo essencial, o princípio da proporcionalidade e a possibilidade de restrições somente mediante lei no sentido formal.[2]

Cumpre observar, ainda, que a norma é formalmente fundamental quando consta do texto constitucional definida como tal. No entanto, somente a análise de seu conteúdo permite a verificação de sua fundamentalidade material, demonstrada pela presença de dispositivos referentes à estrutura do Estado e da sociedade e especialmente no que diz respeito à posição nesses ocupada pela pessoa humana.

A Constituição Federal de 1988 admite expressamente a existência de outros direitos fundamentais não integrantes do catálogo (CF, art. 5º, § 2º), tanto na própria Constituição como fora dela.

Pode-se, então, definir direitos fundamentais como todas as situações jurídicas concernentes às pessoas, que, sob o aspecto do direito constitucional positivo, foram, pelo conteúdo e importância (fundamentalidade material), integradas ao texto da Constituição e retiradas da esfera de disponibilidade dos poderes constituídos (fundamentalidade formal), bem como as que, por seu conteúdo e significado, passam a lhes ser equiparados, agregando-se à Constituição material, tendo ou não assento na Constituição formal (CF, art. 5º, § 2º).

É exemplo de direito fundamental constante da atual Constituição de 1988, sem estar expressamente no catálogo, o art. 150, inciso III, alínea *b*, da CF/1988, que trata do princípio da anterioridade em matéria tributária.

Outro exemplo é encontrado no art. 6º da Carta, em que são enunciados direitos sociais básicos, encerrado com a expressiva representação *na forma desta Constituição*, remetendo aos títulos relativos à ordem econômica e social.

---

2. Sarlet, Ingo Wolfgang. *Eficácia dos direitos fundamentais*. Porto Alegre: Livraria do Advogado, 2005, p. 75-80.

Há, ainda, no art. 7º, cujos incisos especificam os direitos fundamentais dos trabalhadores, a previsão, em seu *caput,* de que "são direitos dos trabalhadores urbanos e rurais os relacionados nesses incisos, além de outros que visem à melhoria de sua condição social."

Verifica-se, portanto, que os arts. 5º, § 2º, 6º e 7º da CF/1988 são cláusulas especiais de abertura, deixando claro que os direitos fundamentais encontram-se em diferentes partes da Lei Maior.

Cumpre salientar que o conceito materialmente aberto dos direitos fundamentais abrange, além dos direitos esparsos na própria Constituição, em leis nacionais e em regras internacionais, também direitos implícitos e não escritos, que são deduzidos por via interpretativa, no regime e nos princípios fundamentais da Lei Magna.

Assim, em virtude da enorme gama de direitos passíveis de serem contemplados na Constituição e sendo impossível uma especificação de todos esses direitos, cabe à doutrina e à jurisprudência o papel de identificá-los.

O § 2º do art. 5º da CF/1988 possibilita tal interpretação ao dispor que "os direitos e garantias expressos nesta Constituição não excluem outros decorrentes do regime e dos princípios por ela adotados".

Quanto aos direitos fundamentais sediados em documentos internacionais, considerando a acepção genérica do termo, para incluir as Convenções e outros instrumentos, pode-se identificar a Declaração Universal de Direitos Humanos da ONU (1948), a Convenção Americana sobre Direitos Humanos da OEA (1969) e os Pactos Internacionais da ONU sobre direitos civis e políticos e sobre direitos econômicos, sociais e culturais (1966), que completam o rol dos direitos fundamentais contemplados na nova Carta Magna. Mais especificamente poder-se-iam ressaltar os seguintes dispositivos: o direito de recorrer da sentença a instância superior (art. 8º, item 1, letra *h,* da Convenção Americana sobre Direitos Humanos – Pacto São José de Costa Rica) e o direito do preso ser apresentado sem demora à autoridade judicial (art. 7º, item 5, do Pacto de São José).[3]

3. Sarlet, Ingo Wolfgang. *Eficácia dos direitos fundamentais,* Porto Alegre: Livraria do Advogado, 2005, p. 134-147.

3.2. MORADIA COMO DIREITO FUNDAMENTAL

A evolução do tratamento dado pelo Direito Civil à propriedade, em especial a imobiliária, passou, no decorrer da história, como sintetiza Hely Lopes Meirelles,[4] da *propriedade-direito* para a *propriedade-função*, não sendo mais possível estudar o instituto segundo a raiz axiológica do Código Civil de 1916.

A Constituição Federal de 1988, com seus princípios e valores, provocou uma mudança de interpretação e aplicação do Direito Privado. Os diversos segmentos do Direito Civil foram abalados por uma referência normativa de forte conteúdo valorativo, de modo que, embora reconhecendo a existência de universos legislativos setoriais, deve-se buscar a unidade do sistema, deslocando para a tábua axiológica da Constituição o ponto de referência antes localizado no Código Civil.[5]

Em relação ao direito de propriedade, a Constituição operou uma transformação em seus contornos ao incluí-lo entre os direitos e garantias fundamentais, dispondo que a propriedade atenderá sua função social (art. 5º, XXII e XXIII). Repetindo o mesmo conceito no capítulo referente à ordem econômica, a função social de propriedade aparece como princípio ao lado da propriedade privada (art. 170, II e III).

Essa mudança de perspectiva exerceu grande influência na efetividade do direito à moradia, uma vez que a visão individualista e protetora da vida particular contra a ingerência do Poder Público deu lugar ao Estado intervencionista voltado para a proteção da coletividade e da dignidade da pessoa humana.

A compreensão dessa mudança é necessária, juntamente com o entendimento do que seja moradia, para um adequado desenvolvimento do presente estudo, razão pela qual será examinado o conceito em suas particularidades.

Da necessidade de o homem fixar um lugar ao qual se vincule, surgiu no Direito a idéia de domicílio, onde se presume presente a pessoa, sendo o lugar de exercício de seus atos pessoais e negociais.

---

4. Meirelles, Hely Lopes. *Direito de construir*. São Paulo: Malheiros, 2000, p. 26.
5. Tepedino, Gustavo. "Premissas metodológicas para a constitucionalização do Direito Civil." In: *Temas de Direito Civil*. Rio de Janeiro: Renovar, 2004, p. 13.

A partir dessa noção básica, o conceito evoluiu para considerar a necessidade de o indivíduo mover-se de um lugar para outro, momentaneamente, distinguindo essa situação de instabilidade daquelas capazes de configurar o domicílio como habitação permanente.

Em razão disso, passou-se à substituição do elemento físico da presença habitual por outro que buscava a intenção do indivíduo, consistente na escolha livre da própria residência e centro dos seus negócios e relações de direito. O conceito, então, partiu-se em dois elementos: um material e outro intencional.

No direito positivo brasileiro, o elemento material do domicílio é a residência, que se traduz como a relação de fato, o lugar onde a pessoa habita ou tem o centro de suas ocupações.

Em adição a esse elemento material, o legislador lançou mão do elemento subjetivo para qualificar domicílio, referente ao ânimo de residir definitivamente em determinado lugar, o que se constata pelas circunstâncias externas reveladoras da intenção do indivíduo de fazer daquele local o centro de suas atividades.

Cumpre ressaltar que domicílio e residência não se confundem com morada, que tecnicamente exprime o lugar de parada ou permanência, sem o caráter de definitivo, podendo equivaler à residência temporária ou provisória.[6]

Do mesmo modo, há que se fazer a distinção entre domicílio e moradia, a qual tem conceito próprio e natureza de direito fundamental. O direito à moradia é um bem inerente à pessoa humana, sendo assim definido por Sergio Iglesias Nunes de Souza:

> A moradia consiste em bem irrenunciável da pessoa natural, indissociável de sua vontade e indisponível, que permite a fixação em lugar determinado, não só físico, como também a fixação dos seus interesses naturais da vida cotidiana, exercendo-se de forma definitiva pelo indivíduo, e, secundariamente, recai o seu exercício em qualquer pouso ou local, mas sendo objeto de direito e protegido juridicamente. O bem da moradia é inerente à pessoa e independe de objeto físico para a sua existência e proteção jurídica. Para nós, moradia é elemento

6. Silva, De Plácido e. *Vocabulário Jurídico*. Rio de Janeiro: Forense, 2003, p. 930.

> essencial do ser humano e um bem extrapatrimonial. Residência é o simples local onde se encontraria o individuo. E a habitação é o exercício efetivo da moradia sobre determinado bem imóvel. Assim, a moradia é uma situação de direito reconhecida pelo ordenamento jurídico, assim como ocorreu com o domicilio em relação à residência (...). Dessa forma, a moradia também é uma qualificação legal reconhecida como direito inerente a todo o ser humano, notadamente, em face da natureza de direito essencial referente à personalidade humana.[7]

No mesmo sentido, Gustavo Tepedino faz a ligação entre o direito à moradia e os direitos da personalidade na primeira parte de sua tese de doutorado, quando afirma que *a moradia, elemento indispensável ao desenvolvimento psicofísico da pessoa inserida na comunidade, tem como primeiro fundamento normativo, portanto, o art. 2º da Constituição*, referindo-se à Constituição italiana, que dispõe no referido artigo: "A República reconhece e garante os direitos invioláveis do homem, seja como ser individual, seja no seio da sociedade em que desenvolve sua personalidade, e exige dele o cumprimento dos deveres imprescritíveis de solidariedade política, econômica e social."[8]

Assim, como ensina Pietro Perlingieri, atualmente o ordenamento jurídico deve proteger o indivíduo na sua integralidade, em todos os aspectos em que se manifesta sua personalidade, protegendo-a por uma cláusula geral, entendida aqui a expressão *cláusula geral* como um instituto que inova a técnica legislativa, bem como a própria interpretação do direito, trazendo um conceito aberto que deverá ser integrado pelo juiz na aplicação da Lei ao caso concreto.[9]

No Direito brasileiro, essa cláusula geral de proteção da personalidade pode ser encontrada no art. 1º, inciso III, da Constituição Federal, que estabelece como fundamento da República a dignidade da pessoa humana. A esse respeito, ensina Gustavo Tepedino:

---

7. Souza, Sérgio Iglesias Nunes de. *Direito à moradia e de habitação*. São Paulo: RT, 2004, p. 45-46.
8. Tepedino, Gustavo, *apud* Godoy, Luciano de Souza. *O direito à moradia e o contrato de mútuo imobiliário*. Rio de Janeiro: Renovar, 2006, p. 54.
9. Perlingieri, Pietro. *Perfis do Direito Civil*. Rio de Janeiro: Renovar, 2002, p. 153-156.

> A dignidade da pessoa humana constitui cláusula geral, remodeladora das estruturas e da dogmática do Direito Civil brasileiro. Opera a funcionalização das situações jurídicas patrimoniais às existenciais, realizando assim processo de verdadeira inclusão social com a ascensão à realidade normativa de interesses coletivos, direitos da personalidade e renovadas situações jurídicas existenciais, desprovidas de titularidades patrimoniais, independentemente destas ou mesmo em detrimento destas. Se o direito é uma realidade cultural, o que parece hoje fora de dúvida, é a pessoa humana, na experiência brasileira, quem se encontra no ápice do ordenamento, devendo a ela se submeter o legislador ordinário, o intérprete e o magistrado.[10]

Desse modo, o direito à moradia se revela como fruto da dignidade da pessoa humana e integrante do mínimo existencial que assegura uma vida digna, não podendo sofrer qualquer tipo de violação, mesmo que não estivesse expressamente previsto na Constituição Federal.

Cumpre ressaltar que a vinculação dos direitos fundamentais sociais, neles incluído o direito à moradia, à garantia de um mínimo existencial é evidente, pois o conteúdo deste deve guardar sintonia com uma compreensão constitucionalmente adequada do direito à vida e à dignidade da pessoa humana como princípio constitucional fundamental.

A esse respeito, esclarecedoras são as palavras de Ingo Wolfgang Sarlet[11] ao afirmar:

> Neste sentido, remete-se à noção de que a dignidade da pessoa humana somente estará assegurada – em termos de condições básicas a serem garantidas pelo Estado e pela socie-

10. Tepedino, Gustavo. "Editorial." *Revista Trimestral de Direito Civil*, v. 2, Rio de Janeiro: Renovar, abr-jun 2000, p. VI.

11. Sarlet, Ingo Wolfgang. "Direitos fundamentais sociais, mínimo existencial e Direito Privado: breves notas sobre alguns aspectos da possível eficácia dos direitos sociais nas relações entre particulares". In: *Direitos fundamentais: estudos em homenagem ao professor Ricardo Lobo Torres*. Rio de Janeiro: Renovar, 2006, p. 572.

dade – onde a todos e a qualquer um estiver assegurada nem mais nem menos do que uma vida saudável.

Dito isso, o que importa, nesta quadra, é a percepção de que a garantia (direito) do mínimo existencial independe de expressa previsão constitucional para poder ser reconhecida, já que decorrente da proteção da vida e da dignidade da pessoa humana. No caso do Brasil, onde também não houve uma previsão constitucional expressa consagrando um direito geral à garantia do mínimo existencial, os próprios direitos sociais específicos (como a assistência social, a saúde, a moradia, a previdência social, o salário mínimo dos trabalhadores, entre outros) acabaram por abarcar algumas das dimensões do mínimo existencial, muito embora não possam e não devam ser (os direitos sociais) reduzidos pura e simplesmente a concretizações e garantias do mínimo existencial, como, de resto, já anunciado.

Por outro lado, a previsão de direitos sociais não retira do mínimo existencial sua condição de direito-garantia fundamental autônomo e muito menos não afasta a necessidade de se interpretar os demais direitos sociais à luz do próprio mínimo existencial, notadamente para alguns efeitos específicos, que agora não serão objeto de atenção mais detida.

Neste contexto, há que enfatizar que o mínimo existencial – compreendido como todo o conjunto de prestações materiais indispensáveis para assegurar a cada pessoa uma vida condigna (portanto, saudável) – tem sido identificado por muitos como constituindo o núcleo essencial dos direitos fundamentais sociais, núcleo este blindado contra toda e qualquer intervenção por parte do Estado.

No mesmo sentido, a tese de Luiz Edson Fachin, ao ressaltar que:

> A defesa da tese presente contém, inegavelmente, premissas que informam, previamente, a eleição do caminho jurídico a ser percorrido. São indissociáveis, ao menos aqui, razão, sentimento e ciência política.

> A proteção do patrimônio mínimo não está atrelada à exacerbação do indivíduo. Não se prega a volta ao direito solitário da individualidade suprema, mas sim do respeito ao indivíduo numa concepção solidária e contemporânea, apta a recolher a experiência codificada e superar seus limites.
>
> Após ter apontado a transformação ocorrida, tem sentido indicar o fenômeno jurídico que deve dar conta dessa perspectiva. É aqui que entra em cena o estatuto jurídico do patrimônio mínimo a ser assegurado.
>
> Os bens de produção integram o regime jurídico sobre as coisas em geral. Esta tese se dedica, ao registrar as tendências atuais, à tarefa de reconstruir, no âmbito do sistema jurídico, a possibilidade de um novo olhar sobre os bens e as coisas.
>
> A ausência da previsão específica não deve, pois corresponder à não-admissão da tutela especial a um patrimônio mínimo, essencial à vida digna. A própria dignidade humana, ancorada em princípio constitucional, somada à regra codificada (atinente à doação) protetiva, fornece rumos à integração possível.[12]

José Joaquim Gomes Canotilho também reconhece a atuação limitada dos entes privados pelos direitos sociais, afirmando que "o comércio jurídico privado está, portanto, vinculado pelos direitos fundamentais sociais, sobretudo no que respeita ao núcleo desses direitos intimamente ligados à dignidade da pessoa humana."[13]

Outrossim, pode-se buscar na Constituição Federal, além da cláusula geral do inciso III do art. 1º, outros dispositivos que tutelam os direitos da personalidade, deixando clara a intenção do constituinte de eleger o valor da dignidade da pessoa humana como informador de todo o ordenamento jurídico brasileiro.

No próprio art. 1º, o inciso II prescreve igualmente a cidadania como fundamento da República. O art. 3º estabelece como objetivos

---

12. Fachin, Luiz Edson. *Estatuto jurídico do patrimônio mínimo*. Rio de Janeiro: Renovar, 2001, p. 176-178.

13. Canotilho, José Joaquim Gomes. *Direito Constitucional e teoria da Constituição*. Coimbra: Almedina, s.d., p. 473.

da República construir uma sociedade livre, justa e solidária; erradicar a pobreza e a marginalização e reduzir as desigualdades sociais e regionais; e promover o bem de todos sem preconceitos ou discriminação de qualquer espécie.

O *caput* do art. 5º estipula a igualdade de todos perante a lei, sem distinção de qualquer natureza, e, finalmente, no inciso X do mesmo artigo, dispõe de forma especial acerca da garantia dos direitos da personalidade.

No que diz respeito ao direito à moradia especificamente, a Emenda Constitucional nº 26, de 14 de fevereiro de 2000, incluiu-o expressamente entre os direitos sociais elencados no art. 6º da Constituição Federal, dando maior segurança jurídica ao sistema.

Entretanto, mesmo antes da edição da referida Emenda Constitucional o direito à moradia já era proclamado em diversos tratados ratificados pelo Brasil e ingressava no ordenamento jurídico brasileiro por força do § 2º, do art. 5º, da Constituição da República. São exemplos de normas internacionais que tratam do assunto: item I, inciso XXV, da Declaração Universal dos Direitos Humanos; o art. 11 do pacto Internacional dos Direitos Econômicos; e o art. 22 da Convenção Americana de Direitos Humanos, conhecida também como Pacto de San José da Costa Rica, além de diversas outras em Tratados Internacionais de Proteção de Direitos Humanos ratificados também pelo Brasil.

A esse respeito, vale transcrever os comentários da Andréia Mara de Oliveira Magrin, que afirma:

> O valor da dignidade humana – ineditamente elevado a princípio fundamental da carta, nos termos do art. 1º, III – impõe-se como núcleo básico e informador do ordenamento jurídico brasileiro, como critério e parâmetro de valoração a orientar a interpretação e compreensão do sistema constitucional instaurado em 1988. A dignidade humana e os direitos fundamentais vêm a constituir os princípios constitucionais que incorporam as exigências de justiça e dos valores éticos, conferindo suporte axiológico a todo o sistema jurídico brasileiro. Na ordem de 1988, esses valores passam a ser dotados de

> uma especial força expansiva, projetando-se por todo universo constitucional e servindo como critério interpretativo de todas as normas do ordenamento jurídico nacional. É nesse contexto que há de se interpretar o disposto no art. 5º, § 2º, do texto, que, de forma inédita, tece a interação entre o direito brasileiro e os tratados internacionais de direitos enunciada pelo art. 5º, a Carta de 1988 estabelece que os diretos e garantias expressos na Constituição não excluem outros decorrentes do regime e dos princípios por ela adotados, ou dos tratados internacionais em que a República Federativa do Brasil seja parte. A Constituição de 1988 inova, assim, ao incluir, dentre os direitos constitucionais protegidos, os direitos enunciados nos tratados internacionais de que o Brasil seja signatário. Ao efetuar tal incorporação, a Carta está a atribuir aos direitos internacionais uma natureza especial e diferenciada, qual seja, a natureza de norma constitucional. Esta conclusão advém de interpretação sistemática e teleológica do texto, especialmente em face da força expansiva dos valores da dignidade humana e dos direitos fundamentais, como parâmetros axiológicos a orientar a compreensão do fenômeno constitucional. A esse raciocínio se acrescentam o princípio da máxima efetividade das normas constitucionais referentes a direitos e garantias fundamentais e a natureza materialmente constitucional dos direitos fundamentais, o que justifica estender aos direitos enunciados em tratados o regime constitucional, conferido aos demais direitos e garantias fundamentais.[14]

Além do art. 6º, a Constituição faz referência à moradia em outros dispositivos esparsos, a partir dos quais antes se inferia a fundamentalidade do Direito, cabendo a eles hoje reforçar o conceito.

O inciso XI do art. 5º dispõe que a casa é asilo inviolável do indivíduo, o que levou Ricardo Cesar Pereira Lira a concluir:

14. Magrin, Andréia Mara de Oliveira. "Direitos humanos: alguns aspectos históricos, jurídicos e econômicos-políticos de direitos individuais, direitos coletivos e direitos difusos." In: *Os direitos humanos e o direito internacional*. Rio de Janeiro: Renovar, 1999, p. 128-138.

> Se todos são iguais perante a lei (art. 5º, *caput*, da Constituição), se a casa é o asilo inviolável do indivíduo (art. 5º, inciso XI, da Constituição), é evidente que todos têm direito a esse asilo e a essa inviolabilidade. Só essas considerações seriam suficientes para considerar o direito de habitação um direito individual assegurado pela Constituição.[15]

O inciso IV do art. 7º, ao tratar do salário mínimo, estabeleceu que ele deve ser capaz de atender, entre outras necessidades do indivíduo, as referentes à moradia.

O art. 21, ao tratar das atribuições administrativas da União Federal, em seu inciso XX, estabelece a competência do ente para instituir diretrizes para o desenvolvimento urbano, inclusive habitação.

No mesmo sentido, o art. 23, inciso IX, estipula a competência material comum à União, aos Estados, ao Distrito Federal e aos Municípios para promover programas de construção de moradias e a melhoria das condições habitacionais e de saneamento básico.

O art. 182, por sua vez, dispõe sobre a política urbana, determinando a ordenação das cidades, de modo a garantir o bem-estar de seus habitantes, cumprindo a sua função social.

Por fim, o art. 187, em seu inciso VIII, estabelece entre os objetivos da política agrícola, a ser planejada e executada na forma da lei, o acesso à habitação por parte do trabalhador rural.

Em vista de todos esses dispositivos originariamente estabelecidos na Constituição Federal de 1988, sem se ter em conta o acréscimo operado pela Emenda Constitucional nº 26, deduz-se a grande importância da moradia para o ser humano e o especial tratamento que lhe foi conferido pelo constituinte brasileiro.

Quanto à eficácia da norma insculpida no art. 6º da Constituição, a doutrina clássica a enquadra como programática, e, portanto, de efetividade limitada, o que obstaria sua aplicabilidade, tendo em vista a ausência de regulamentação.

---

15. Lira, Ricardo Cesar Pereira. "Direito à habitação e direito de propriedade." *Revista da Faculdade de Direito da Universidade do Estado do Rio de Janeiro*, nº 6/7. Rio de Janeiro: UERJ, 1998/1999, p. 81.

José Afonso da Silva também considera a norma do art. 6º programática e, portanto, de eficácia limitada. No entanto, segundo o autor, normas desse tipo têm eficácia jurídica imediata, direta e vinculante nos seguintes casos:

> I. estabelecem um dever para o legislador ordinário; II. condicionam a legislação futura, com a conseqüência de serem inconstitucionais as leis ou atos que as ferirem; III. informam a concepção do Estado e da sociedade e inspiram sua ordenação jurídica, mediante a atribuição de fins sociais, proteção de valores da justiça social e revelação dos componentes do bem comum; IV. constituem sentido teleológico para a interpretação, integração e aplicação das normas jurídicas; V. condicionam a atividade discricionária da Administração e do Judiciário; VI. criam situações jurídicas subjetivas, de vantagem ou de desvantagem.[16]

Luis Roberto Barroso partilha da mesma opinião e acrescenta que as regras em apreço conferem ao administrado, de imediato, direito a:

> (A) opor-se judicialmente ao cumprimento de regras ou à sujeição a atos que o atinjam, se forem contrários ao sentido do preceptivo constitucional; (B) obter, nas prestações jurisdicionais, interpretação e decisão orientadas no mesmo sentido e direção apontados por estas normas, sempre que estejam em pauta os interesses constitucionais por ela protegidos.[17]

Por outro lado, Olavo Augusto Vianna Alves Ferreira tem um entendimento mais restritivo, afirmando que:

> Embora sejam verdadeiros deveres do Estado, a previsão dos direitos sociais, que no dizer de José Afonso da Silva são prestações positivas proporcionadas pelo Estado direta ou indiretamente, tem limitada eficácia técnica. (...) Isto ocorrerá, infelizmente, com a moradia, uma vez que sua principal fun-

16. Silva, José Afonso da. *Aplicabilidade das normas constitucionais*. São Paulo: Malheiros, 1998, p. 164.

17. Barroso, Luiz Roberto. *O Direito Constitucional e a efetividade de suas normas*. Rio de Janeiro. Renovar, 2002, p. 122.

> ção será a de representar importante diretriz a orientar o Poder Público para implementação de políticas aptas a assegurarem esse novo direito.[18]

Sérgio Iglesias Nunes de Souza, por sua vez, tem uma interpretação mais abrangente do dispositivo, ao asseverar:

> É o direito à moradia (art. 6º da CF) um direito de aplicabilidade imediata, já que inserido como direito e garantia fundamentais; e, a teor do próprio § 1º do art. 5º da CF, as normas definidoras dos direitos e garantias fundamentais têm, deveras, aplicação imediata. Determina a vigente Constituição Federal que se dê aplicabilidade imediata ao exercício desses direitos previstos, cujo rol não é exemplificativo, a teor do § 2º do art. 5º da CF/1988. A partir dessa premissa, tem-se que o exercício do direito à moradia independe de normas criadoras de instituições ou de sistemas que facilitem a aquisição da casa própria, da locação, do consórcio, entre outros instrumentos, para a facilitação, proteção e exercício desse direito, pois a mera omissão do Estado quanto ao proclamado direito gera sua responsabilidade.[19]

De fato, a segurança do sistema de garantias consiste exatamente na sua aplicabilidade imediata. Os direitos constantes do Titulo II da Constituição, definidos como fundamentais, neles incluído o direito à moradia, só podem cumprir sua função se detiverem efetividade.

O referido § 1º do art. 5º, em razão de sua formulação abrangente dos direitos fundamentais, dá essa efetividade necessária, estipulando a regra da eficácia plena e da aplicabilidade imediata das normas relativas aos direitos fundamentais individuais, coletivos, sociais, da nacionalidade e políticos, somente deixando de ser aplicados em razão de uma impossibilidade absoluta, como ocorre, por exemplo, nos casos do inciso XIII do art. 5º e do inciso I do art. 7º, ambos da Constituição Federal.

---

18. Ferreira, Olavo Augusto Vianna Alves. "O Direito Constitucional à moradia e os efeitos da Emenda Constitucional nº 26/2000." In: *Cadernos do Ministério Público do Paraná*, v. 3, nº 6. Curitiba: Ministério Público do Paraná, 2000.
19. Souza, Sérgio Iglesias Nunes de. *Direito à moradia e de habitação*. São Paulo: RT, 2004, p. 138-139.

3.3. INSTRUMENTOS DE EFETIVAÇÃO DO DIREITO À MORADIA

O Brasil se encontra entre os países com maior nível de desigualdade social, apresentando sérios problemas de distribuição de renda, de educação, de saúde e de moradia, entre outros.

Tais problemas, em especial o da moradia, podem ser sentidos pelo aparecimento, por exemplo, do Movimento Sem-Terra (MST), da Unificação das Lutas de Cortiços (ULC), do Fórum dos Cortiços (FC) e do Movimento de Moradia do Centro (MMC), que são frutos dessa iniqüidade.

A América Latina possui significativa desigualdade na distribuição de terras e é a região mais urbanizada do mundo. Esse vertiginoso crescimento da população urbana, explicado pela explosão demográfica e principalmente pelo êxodo rural, incrementou enormemente a demanda habitacional, inclusive no Brasil.[20]

Em face dessa urbanização crescente, a produção de normas dirigidas à proteção e efetivação do direito à moradia se multiplicou, expressando-se em diversos institutos de Direito Privado relacionados à promoção da moradia como componente da tutela da personalidade.

Além do bem de família, que já foi detidamente analisado no capítulo anterior, será feita uma breve exposição de outros instrumentos que servem à efetivação do direito à moradia. Nos arts. 1.414, 1.415 e 1.416 do Código Civil de 2002 encontra-se o primeiro desses instrumentos, o direito de habitação, modalidade de direito real sobre coisa alheia, em que ao beneficiário só é dado, juntamente com sua família, fazer uso do imóvel que lhe é oferecido gratuitamente, sem poder alugá-lo ou emprestá-lo a outrem.

Mais adiante, no art. 1.831, o atual Código Civil prevê o direito real de habitação, relativamente ao único imóvel residencial a inventariar e que é usado como moradia pela família, outorgado ao cônjuge sobrevivente, qualquer que seja o regime de bens do casamento.

---

20. Osório, Letícia Marques. "Direito à Moradia Adequada na América Latina." In: *Direito à moradia e segurança da posse no Estatuto da Cidade*. Belo Horizonte: Fórum, 2004, p. 17-19.

No caso da união estável, a Lei nº 9.278/1996, no parágrafo único do art. 7º, prevê o mesmo direito real de habitação ao convivente supérstite, relativamente ao imóvel destinado à residência da família, enquanto viver ou não constituir nova união.

A Lei nº 8.254/1991, preservada expressamente pelo art. 2.036 do Código Civil de 2002, trouxe diversas normas cogentes interativas da relação contratual de locação, com o objetivo de equilibrar as forças contatantes sem, no entanto, excessos de proteção do locatário. A Lei, porém, reconhece-lhes certos privilégios, por representar o pólo economicamente mais fraco, em prejuízo do locador que, teoricamente, seria proprietário de mais de um imóvel. Alguns desses privilégios podem ser encontrados, por exemplo, nos arts. 4º, 11, 46 e 47 da Lei, demonstrando uma clara opção pela dignidade da pessoa humana e pela estabilidade da moradia da família.

O comodato para fins de habitação, incluído nas disposições dos arts. 579 a 585 do Código Civil de 2002, acena também como instrumento de efetivação do direito à moradia, com diversas características do direito à habitação, mas dela diferindo por ser um contrato real que estipula um direito pessoal e por haver a obrigatoriedade de devolução do imóvel emprestado, quando lhe for solicitado pelo comandante, independentemente de qualquer motivação.

Outro instituto de interesse no presente estudo vem disposto na Medida Provisória nº 2.220/2001, que trata da concessão de uso especial para fins de moradia, no caso de posse até 30 de junho de 2001, por cinco anos, ininterruptamente e sem oposição, de até 250m^2 de imóvel público situado em área urbana, sendo utilizado para sua moradia ou de sua família. Preenchidas essas condições, o posseiro adquire o direito à referida concessão, desde que não seja proprietário ou concessionário, a qualquer título, de outro imóvel urbano ou rural.

Nessa esteira, a MP nº 2.220/2001 também prevê a concessão de uso especial para fins de moradia na forma coletiva, quando o imóvel público urbano de mais de 250m^2 for ocupado por população de baixa renda para sua moradia, por cinco anos, ininterruptamente e sem oposição, onde não for possível identificar os terrenos ocupados por possuidor. Também aqui esses possuidores não podem ser proprietários ou concessionários, a qualquer título, de outro imóvel urbano ou rural.

Como forma de ratificar o interesse em efetivar o direito fundamental à moradia, a referida Medida Provisória assegura ainda o exercício do direito por parte do posseiro em local diferente daquele da ocupação, nas hipóteses dos arts. 4º e 5º, além de permitir a transferência desse direito por ato *inter vivos* ou *causa mortis*.

A Lei nº 4.591/1964, disciplinando a incorporação imobiliária, trouxe maior segurança jurídica a esses negócios, ao prever a responsabilidade, as obrigações e os direitos dos incorporadores, o patrimônio de afetação e os procedimentos de registro. O mesmo diploma legal tratou do condomínio edilício, sendo posteriormente revogado, nessa parte, pelo Código Civil de 2002, arts. 1.331 a 1.358, que serviu para o aprimoramento do uso do terreno, com a sua utilização por maior número de pessoas.

Com o mesmo objetivo de aprimoramento do uso dos terrenos, surgiram as leis de parcelamento do solo, proporcionando proteção aos adquirentes de lotes, em projetos de loteamento particular. O primeiro diploma a disciplinar a matéria foi o Decreto-Lei nº 58/1937, seguido pelo Decreto nº 745/1969 e pela Lei nº 6.766/1979. O Estatuto da Cidade, por sua vez, dispõe que a Lei municipal específica para área incluída no plano diretor poderá determinar o parcelamento ou edificação ou a utilização compulsórios no solo urbano não edificado, subutilizado ou não utilizado.

O instituto da desapropriação também exerce influência na efetivação do direito à moradia, ao trazer proteção ao imóvel residencial em face do ato administrativo, sem contudo evitar o desapossamento do bem e a perda do seu domínio, além de promover a função social da propriedade. A matéria é tratada no art. 5º, XXIV, da Constituição, nos arts. 1.228 e 1.275 do Código Civil de 2002, no Estatuto da Cidade e, mais especificamente, nas Leis nºs 3.365/1941 e 4.132/1962, além do Decreto-Lei nº 1.075/1970.

Outro instituto de grande importância para que a propriedade cumpra sua função social é a usucapião, nas suas diversas formas, dando segurança à posse prolongada no tempo e consistindo num dos pontos centrais para a promoção, proteção e cumprimento do direito fundamental à moradia. É o que defende Letícia Marques Osório, ao afirmar:

> A segurança da posse é um ponto central do direito à moradia e à terra, pois sem ela – independentemente se formal ou informal – o direito à moradia vai estar em permanente ameaça, e o risco de despejo ou deslocamento forçado será sempre iminente. A segurança da posse, por se tratar de elemento central do direito humano à moradia, deve ser assegurada a todos, com igualdade e sem discriminação, abrangendo todos os indivíduos e família independentemente de idade, *status* econômico, grupo ou outra afiliação e status.[21]

Por conta dessa importância, a matéria referente à usucapião foi contemplada pela Constituição Federal nos arts. 183 e 191. A usucapião constitucional urbana foi regulamentada pelo Estatuto da Cidade e o Código Civil de 2002 regulou a usucapião ordinária, extraordinária e especial nos arts. 1.238 a 1.244. Antes, a usucapião especial de imóveis rurais era tratada na Lei nº 6.969/1981. Por fim, o Código de Processo Civil, nos arts. 941 e seguintes, regulou o procedimento especial da ação de usucapião.

Outro instituto importante para a solução do problema habitacional e que há muito vinha sendo reivindicado por diversos doutrinadores é o direito de superfície, que cria uma propriedade distinta da do solo, dando titularidade diversa à propriedade da construção ou da plantação. Por um negócio jurídico, a regra geral da acessão é afastada e só será restabelecida pela extinção do direito de superfície.

A inserção desse instituto no ordenamento jurídico brasileiro coube ao Estatuto da Cidade, por seus arts. 21 a 24, sendo posteriormente disciplinado pelo Código Civil de 2002, arts. 1.369 a 1.377.

Não obstante as opiniões em contrário, prevalece o entendimento de que ambos os diplomas legais, na parte referente ao direito de superfície, convivem em harmonia. Isso acontece uma vez que o

21. Osório, Letícia Marques. "Direito à Moradia Adequada na América Latina." In: *Direito à moradia e segurança da posse no Estatuto da Cidade*. Belo Horizonte: Fórum, 2004, p. 35.

Código Civil não revogou o Estatuto da Cidade, por força de sua especialidade e pelo fato de conter normas de ordem pública, expressamente regulamentadoras da política urbana definida na Constituição Federal (art. 1º, *caput* e parágrafo único). Assim sendo, enquanto esse cuida da área urbana, aquele trata do direito de superfície genericamente, tendo aplicação subsidiária para os imóveis urbanos e total para os demais.

A Lei nº 10.257, de 10 de julho de 2001, conhecida como Estatuto da Cidade, veio regulamentar os arts. 182 e 183 da Constituição Federal, lançando mão de vários instrumentos de política urbana, a serem utilizados pelos municípios na intervenção direta da ocupação do solo urbano e do desenvolvimento das cidades para que cumpram sua função social.

Tais instrumentos, inclusive os que já foram anteriormente vistos neste trabalho, possuem grande relevância para implementação do direito à moradia e encontram-se assim descritos no Capítulo II do Estatuto: parcelamento, edificação ou utilização compulsórios, IPTU progressivo no tempo, desapropriação, usucapião especial individual e coletiva, concessão de uso especial para fins de moradia (vetado e suprido pela MP 2220/01), direito de superfície, direito de preempção, outorga onerosa do direito de construir, operações urbanas consorciadas, transferência do direito de construir e estudo de impacto de vizinhança.

Por fim, em face das naturais dificuldades na aquisição dos bens imóveis e com vistas à implementação do direito fundamental à moradia, foram criados vários mecanismos facilitadores para essa aquisição, tais como contratos de financiamento do Sistema Financeiro da Habitação, contratos de alienação fiduciária da Lei nº 9.514/1997, *leasing* de imóveis residenciais, Títulos de Capitalização para fins de aquisição de imóveis residenciais e consórcios para os mesmos fins.

CAPÍTULO 4

A MORADIA E O BEM DE FAMÍLIA COMO INSTITUTOS DE PROTEÇÃO DA PESSOA HUMANA

4.1. MORADIA E BEM DE FAMÍLIA: A PROTEÇÃO COMO FIM

O bem de família, já no seu nascedouro, visava à proteção da família, procurando proporcionar-lhe um local seguro onde pudesse se abrigar, a salvo das vicissitudes econômicas no decorrer de sua existência.[1] Posteriormente, o conceito evoluiu, permanecendo a proteção à família como meio de alcançar o verdadeiro objetivo do instituto, qual seja, tutelar primordialmente seus membros, em consonância com o princípio da dignidade da pessoa humana, fundamento da República e base de todo o ordenamento jurídico brasileiro.[2]

Por sua vez, o direito fundamental à moradia, constituído em núcleo essencial dos direitos sociais, núcleo esse blindado contra qualquer interferência estatal, traz em si o papel de concretizar as exigências de dignidade da pessoa humana e garantir um mínimo existencial para uma vida condigna.[3]

1. Azevedo, Álvaro Villaça. *Bem de família com comentários à Lei nº 8.009/1990*. São Paulo: RT, 2002, p. 24-25.
2. Tepedino, Gustavo. *Temas de direito civil*. Rio de Janeiro: Renovar, 2004, p. 397.
3. Sarlet, Ingo Wolfgang. "Direitos fundamentais sociais, mínimo existencial e direito privado: breves notas sobre alguns aspectos da possível eficácia dos direitos sociais nas relações entre particulares." In: *Direitos fundamentais: estudos em homenagem ao professor Ricardo Lobo Torres*. Rio de Janeiro: Renovar, 2006, p. 572.

Outrossim, o direito à moradia revela-se como direito da personalidade, sendo concebido como inerente ao ser humano e, por isso, fazendo parte da sua essência, de modo que sem ele a existência de outros direitos, como, por exemplo, o direito à vida e o direito à liberdade, restariam exercidos de forma insatisfatória e incompleta.[4] Assim, o direito fundamental à moradia exerce basicamente a função de proteger o indivíduo, esteja ele agregado a um grupo ou não.

Em razão de manifestar-se como direito da personalidade, o direito à moradia é portador de caracteres especiais, para uma proteção eficaz à pessoa, possuindo, como objeto, um dos bens mais elevados do ser humano. Sendo assim, o ordenamento jurídico não pode consentir com o despojamento do seu titular, uma vez que se trata de bem essencial da vida.

Nesse contexto, o direito à moradia nasce com a pessoa, sendo imprescritível, impenhorável, vitalício, intransmissível, necessário e oponível *erga omnes*. Trata-se, de fato, de direito que transcende o ordenamento jurídico positivo, porque ínsito à própria natureza do homem, como ente dotado de personalidade. Intimamente ligado à natureza humana, para sua proteção jurídica, independe de relação imediata com o mundo exterior ou outra pessoa, sendo intangível pelo Estado ou pelos particulares.[5]

Com efeito, ninguém poderá transferir a terceiros o direito de morar, ao contrário do que poderia ocorrer com os direitos que alguém eventualmente possuísse sobre determinado imóvel. Podem-se vislumbrar variações no exercício do direito de moradia quanto a certo bem ou local, mas jamais tal direito poderia ser considerado alienável. O direito à moradia não recai sobre o objeto físico, mas no bem *moradia*, pertencente à personalidade do indivíduo. É nesse contexto que o direito à moradia torna-se inerente a cada ser humano, daí surgindo a sua inalienabilidade.

Outro aspecto importante, proveniente da caracterização do direito à moradia como inerente à personalidade humana, diz respei-

4. Souza, Sérgio Iglesias Nunes de. *Direito à moradia e de habitação*. São Paulo: RT, 2004, p. 159-160.

5. Bittar, Carlos Alberto. *Os direitos da personalidade*. Rio de Janeiro: Forense, 2001, p. 11.

to à ilicitude de sua violação, que ocorre sempre que for implantado um sistema infraconstitucional ou ato advindo de autoridade pública que resulte em lesão a esse direito, em redução, desproteção ou inviabilização do seu exercício, uma vez que a moradia goza de proteção fundamental, sendo dever do Estado o respeito, a preservação, a ampliação e a facilitação do exercício desse direito essencial.

Dessa forma, toda e qualquer legislação infraconstitucional que suprima, dificulte ou impossibilite o exercício do direito à moradia deve ser tida como violadora desse direito fundamental e, portanto, inconstitucional.

Cumpre, ainda, salientar que o direito à moradia é universal, pois seu campo de proteção engloba todos os indivíduos, independentemente de qualquer outro requisito, como a nacionalidade, o sexo, a raça, o credo, a convicção política ou a condição financeira. Apesar de todas as diferenças possíveis, não há como negar a ninguém o exercício desse direito.[6]

Como se pode ver, os dois institutos, o bem de família e o direito à moradia, convergem para a mesma finalidade de proteção à pessoa humana, de acordo com os princípios e valores trazidos pela Constituição da República Federativa do Brasil de 1988, que elegeram o indivíduo para ocupar o papel central do Direito de Família, privilegiando os interesses existenciais das pessoas integrantes da entidade familiar em detrimento dos interesses patrimoniais.

4.2. AMPLIAÇÃO DO CONCEITO DE ENTIDADE FAMILIAR E O BEM DE FAMÍLIA

As mudanças na configuração da família decorrem da evolução da sociedade. Mudam-se os tempos e os costumes e mudam todos com eles. Não é de se admirar, portanto, que a família também esteja mudada ou ainda em mudança.

Assim, não são as leis que produzem a evolução social, muito ao contrário. Devem elas ser modernizadas para acompanhar essa evolução, que ocorre naturalmente. Lei alguma tem o poder de alterar

6. Souza, Sérgio Iglesias Nunes de. *Direito à moradia e de habitação*. São Paulo: RT, 2004, p. 117-120.

imediatamente os hábitos e costumes da sociedade, muito embora a coação exerça uma importante influência no comportamento dos indivíduos, podendo as leis ajudar nas mudanças, se forem prévia e amplamente discutidas.[7]

Por outro lado, observa-se sociologicamente que a lei nem sempre reflete a realidade social. Nesse sentido, afirma a professora Mary Ann Glendon que, "em toda sociedade, o comportamento da família nunca corresponde exatamente ao conjunto de normas oficiais."[8]

Nesse contexto, o conceito restrito de entidade familiar, que outrora só dignificava a família constituída pelo casamento, veio perdendo terreno com o passar dos tempos e o desenvolvimento da sociedade. Os movimentos sociais, principalmente os feministas, foram determinantes para a alteração desse conceito limitado; a Lei do Divórcio deitou por terra a indissolubilidade do casamento, permitindo o reconhecimento de famílias reconstituídas; a união estável ganhou importância, além de outras formas de arranjos familiares; a Constituição federal de 1988, em seu art. 226, absorveu todo esse processo evolutivo, privilegiando o princípio da dignidade da pessoa humana.

Cumpre ressaltar, então, que a concepção pluralista da família, para além das três formas explicitamente elencadas no art. 226 da Constituição Federal, tornou-se irrefutável, ficando evidente tal concepção, se observado o princípio da força normativa, segundo o qual a Constituição deve-se conformar à realidade, além do princípio da máxima efetividade, para se dar a ela a interpretação que ostente a maior eficácia possível, prevalecendo a exegese que determine o maior alcance social.

Tal alcance social só pode ser concretizado com a absorção das diversas formas de organização familiar pela lei, desde que preenchidos os requisitos de afetividade, de estabilidade e de ostensibilidade. Dessa forma, se dois forem os sentidos possíveis a serem extraídos

---

7. Glanz, Semy. *A família mutante – sociologia e Direito Comparado: inclusive o novo Código Civil*. Rio de Janeiro: Renovar, 2005, p. 113-122.

8. Glendon, Mary Ann. *The Transformation of family law*. Chicago: The University of Chicago Press, 1989, p. 4.

dos preceitos constitucionais, deve-se dar preferência à exegese que inclua todas as entidades familiares.[9]

Assim, ao lado da família tradicional, formada pelo casamento, e da família natural, sem casamento, encontra-se a família monoparental e as famílias recompostas. Além disso, observa-se a ocorrência de diversos grupos familiares, tais como a união de parentes e pessoas que coabitam, sem pai ou mãe, os grupos de várias pessoas em convívio permanente, sem laços legais e sem finalidade sexual ou econômica, mas com forte compromisso mútuo, as uniões homossexuais, com ou sem crianças, a comunidade afetiva formada com *filhos de criação*, sem laços de filiação natural ou adotiva regular, as uniões concubinárias, com ou sem filhos, e a família unipessoal.

A jurisprudência tem acolhido em grande parte essa tese. Seguem algumas decisões do STJ, a título de ilustração do que aqui se afirma:

> EXECUÇÃO – Embargos de terceiro – Lei nº 8.009/1990 – Impenhorabilidade – Moradia da família – Irmãos solteiros. Os irmãos solteiros que residem no imóvel comum constituem uma entidade familiar e por isso o apartamento onde moram goza da proteção de impenhorabilidade, prevista na Lei nº 8.009/1990, não podendo ser penhorado na execução de dívida assumida por um deles. Recurso conhecido e provido (Quarta Turma, REsp 159.851-SP, Rel. Min. Ruy Rosado de Aguiar, j. 19/3/1998, v. u.).
>
> CIVIL – A melhor interpretação da Lei nº 8.009/1990 deve ser aquela que atenda ao espírito da norma, vale dizer, a proteção da família. A residência da mãe e da avó no único imóvel da família põe-no sob o abrigo da Lei nº 8.009, de 1990 (Terceira Turma, REsp nº 186.210, Min. Rel. Ari Pargendler, v. u., j. 20/09/2001).
>
> EXECUÇÃO – Imóvel residencial – Impenhorabilidade – Lei nº 8.009/1990 – Entidade familiar – Devedor divorciado –

9. Lôbo, Paulo Luiz Netto. "Entidades familiares constitucionalizadas: para além do numerus clausus." *Revista Brasileira de Direito de Família*, nº 12, jan-mar 2003. Belo Horizonte: Síntese, p. 46-52.

Imóvel habitado pela ex-mulher e pela filha. I – O conceito de entidade familiar deve ser compreendido de acordo com as alterações que se processaram nos últimos tempos no Direito de família, de modo a ser preservado o sentido social da Lei nº 8.009/1990. II – Não se expõe à penhora o imóvel de propriedade do executado e de sua ex-esposa, quando se destina à moradia desta última e da filha, de vez que a proteção da Lei nº 8.009/1990 atinge o bem por inteiro e não apenas a meação da mulher, sob pena de prejudicar o núcleo familiar. Recurso especial provido (Terceira Turma, REsp 293.291-SP, Rel. Min. Castro Filho, j. 6/9/2002, v.u.).

EXECUÇÃO – Embargos de terceiro – Impenhorabilidade – Imóvel residencial da família – Cerceamento de defesa – Legitimidade de parte – Irretroatividade da Lei nº 8.009/1990 – Viúva. Inocorrência no caso do alegado cerceamento de defesa, adstrita que fora a objeção do Banco embargado ao ônus da embargante de comprovar os requisitos estabelecidos na Lei nº 8.009/1990. Tem legitimidade a mulher e os filhos para, em embargos de terceiro, defender bem de família sobre o qual recaiu medida coercitiva, mesmo que ela figure juntamente com o marido como executada, vedada tão-só a discussão do débito (REsp 64.021-SP). A Lei nº 8.009/1990 aplica-se à penhora realizada antes de sua vigência (Súmula nº 205-STJ). A viúva, ainda que more só no imóvel residencial, acha-se protegida pela impenhorabilidade prevista na mencionada Lei nº 8.009/1990 – Recurso especial não conhecido (Quarta Turma, REsp 434.856-PR, Rel. Min. Barros Monteiro, j. 22/10/2002, v. u.).

PROCESSUAL – Execução – Impenhorabilidade – Imóvel – Residência – Devedor solteiro e solitário – Lei nº 8.009/1990. A interpretação teleológica do art. 1º da Lei nº 8.009/1990 revela que a norma não se limita ao resguardo da família. Seu escopo definitivo é a proteção de um direito fundamental da pessoa humana: o direito à moradia. Se assim ocorre, não faz sentido proteger quem vive em grupo e abandonar o indivíduo que sofre o mais doloroso dos sentimentos: a solidão. É impenhorável, por efeito do preceito contido no art. 1º da Lei nº 8.009/1990, o imóvel em que reside, sozinho, o devedor celibatário (Corte Especial, REsp 182.223-SP, Rel. Min. Humberto Gomes de Barros, *DJ*, 7 de abr 2003, m. v.).

Realmente, do exame dos arts. 226 a 230 da Constituição Federal de 1988, como já exaustivamente demonstrado no primeiro capítulo do presente trabalho, só se pode concluir pela configuração da cláusula geral de abertura, pois as entidades familiares ali explicitadas, ou não, enquadram-se no conceito amplo do *caput* do art. 226 citado.

A confirmação da amplitude desse conceito ocorreu recentemente com a edição da Lei nº 11.340, de 7 de agosto de 2006, que expressamente acolheu as diversas modalidades de organização familiar vivenciadas na sociedade, em seu art. 5º, inciso II.

Constatada a ampliação do conceito de entidade familiar, deve-se observar que tal conclusão tem reflexo importante e imediato no instituto do bem de família, uma vez que alarga o seu campo de incidência, destinando proteção a organizações familiares antes postas à margem da lei.

Cumpre ressaltar, ainda, o grande alcance social dessa interpretação ampliativa, em consonância com os princípios constitucionais que privilegiam os valores existenciais em detrimento dos patrimoniais.

4.3 APLICABILIDADE DO INSTITUTO DO BEM DE FAMÍLIA NA PROTEÇÃO DO INDIVÍDUO

A aplicabilidade do instituto do bem de família na proteção do indivíduo pode ser examinada sob dois aspectos, que convergem para a mesma solução de se aceitar a sua configuração.

O primeiro, menos aceito pela doutrina e pela jurisprudência, baseia-se no reconhecimento da família unipessoal como entidade familiar legal e constitucionalmente protegida.

Discordando desse entendimento, pronuncia-se Rita de Cássia Corrêa de Vasconcelos nos seguintes termos:

> Mesmo sendo amplíssimo o conceito de entidade familiar, seria exagero admitir a existência de família unipessoal. A fa-

mília monoparental unilinear, de que antes se falou, é composta por um dos ascendentes e sua prole (mãe solteira quando a paternidade não é conhecida e pai solteiro por adoção). Mas, mesmo não havendo filhos, a entidade familiar é caracterizada pela convivência de mais de uma pessoa (homem e mulher pelo casamento ou união estável).[10]

Em seguida, a mesma doutrinadora admite a contradição de não se proteger a pessoa que vive solitária, apontando as dificuldades interpretativas do julgador na aplicação dos dispositivos legais ao caso concreto, *in verbis*:

> No entanto, é no mínimo questionável a constitucionalidade da discriminação que se observa na letra da Lei nº 8.009/1990, onde não consta previsão de proteção à pessoa que mora sozinha em imóvel próprio. Por isso a relevância do trabalho interpretativo do julgador, para a aplicação da impenhorabilidade legal do bem de família, sobretudo na hipótese peculiar aqui referida.
>
> O intérprete tem o difícil papel de analisar cuidadosamente as situações que lhe são postas, a fim de não cometer injustiça tratando de forma idêntica situações fundamentalmente distintas. Veja-se, por exemplo, o caso do pai ou da mãe solteiros que vivem sozinhos, mas que possuem filho advindo de união livre, cuja guarda foi atribuída ao outro genitor. Ainda que não resida com o filho, este pai ou esta mãe, através do direito de visita, também com ele convive, formando, com seu filho, um modelo não convencional de entidade familiar.[11]

No mesmo sentido, é o pensamento de Anderson Schreiber, que assim se expressa:

> A proteção ao imóvel residencial, à moradia da pessoa humana, deve ser garantida mesmo nos casos de devedores solteiros, em que não há qualquer entidade familiar a ser tute-

10. Vasconcelos, Rita de Cássia Corrêa de. *A impenhorabilidade do bem de família e as novas entidades familiares*. São Paulo: RT, 2002, p. 141.

11. Vasconcelos, Rita de Cássia Corrêa de. *A impenhorabilidade do bem de família e as novas entidades familiares*. São Paulo: RT, 2002, p. 141.

lada. Habitar é fundamental para a dignidade de qualquer indivíduo, esteja ele integrado a uma família ou não.[12]

Em posição diametralmente contrária, encontra-se Álvaro Villaça Azevedo, afirmando:

> (...) não pode ser negada a condição de entidade familiar a um dos cônjuges ou conviventes, que, após a separação, passe a viver sozinho, estando a guarda dos filhos com o outro consorte ou companheiro. Podem nem existir filhos; pode, também, um filho viver sozinho, ou um viúvo. A célula familiar e o respeito à família devem existir, sempre, ainda que em uma única unidade, como, por exemplo, o celibatário.[13]

Nesse segundo sentido, é o entendimento de Guilherme Calmon Nogueira da Gama, que assim se pronuncia:

> A possibilidade de instituição de bem de família por pessoa sozinha (não apenas a solteira, mas também a viúva, a casada que está separada de fato), por certo, consiste na questão mais intrincada no tema da legitimidade para a instituição do bem de família. Em outras palavras: será possível a pessoa que não tenha qualquer pessoa com ela convivendo instituir bem de família? Nos dias contemporâneos, é vital o reconhecimento de que a família não é tutelada como instituição autônoma e independente, mas em função dos seus partícipes. Desse modo, não há que se limitar a faculdade de instituição do bem de família apenas àquelas pessoas que mantenham vinculo conjugal, ligação de companheirismo ou relação de parentesco próximo com convivência. Diante de uma perspectiva acentuada solidarista, humanista e pluralista, é fundamental reconhecer o direito da pessoa a não se vincular a outra, sem que, no entanto, haja perda de qualquer das parcelas das faculdades e direitos reconhecidos àqueles que integram uma

12. Schreiber, Anderson. "Direito à moradia como fundamento para impenhorabilidade do imóvel residencial do devedor." In: *Diálogos sobre Direito Civil: construindo a racionalidade contemporânea*. Rio de Janeiro: Renovar, 2002, p. 87.

13. Azevedo, Álvaro Villaça. *Comentários ao Código Civil*, v. 19; Antonio J. de Azevedo (coord.). São Paulo: Saraiva, 2003, p. 17.

família. Constata-se que inexiste qualquer óbice à permanência do bem de família quando um dos familiares vem a falecer, remanescendo o instituto enquanto houver algum daqueles destinatários da instituição (art. 1.722, do novo Código Civil). Tal observação é elucidativa a respeito da possibilidade da instituição do bem de família por pessoa sozinha e, assim deverá ser interpretada a regra constante do *caput* do art. 1.711 do novo Código.[14]

Realmente, o entendimento mais consentâneo com os ditames constitucionais é, sem sombra de dúvida, esse último, que inclui a família unipessoal entre as possíveis formas de configuração da entidade familiar.

É de ver que, contemporaneamente, a proteção da família como instituição deu lugar à tutela dirigida à dignidade de seus membros, de acordo com o princípio da dignidade da pessoa humana, além dos princípios da isonomia e da solidariedade.

Em vista disso, não é lícito discriminar um componente da sociedade única e exclusivamente pelo que ele é ou por sua opção de vida.

De fato, a proteção estatal à família restaria mutilada se não estendesse seu manto protetor ao órfão de pai e mãe, ao viúvo, ao separado ou divorciado e ao que simplesmente optou por uma vida celibatária. A célula familiar e o respeito à família devem existir sempre, independentemente de estar ou não integrada a um grupo, qualquer que seja a qualidade de sua composição e o número de seus componentes.

Cumpre ressaltar que, assim como não há qualquer óbice à continuidade do bem de família, no caso da entidade familiar ficar reduzida à viúva ou a um filho menor (art. 1.716 do Código Civil de 2002), não se pode desprezar, por exemplo, o solteiro que optou por uma vida solitária, por se tratar de situação em tudo semelhante às anteriormente referidas, sob pena de incidir em flagrante inconstitucionalidade, uma vez que haveria violação do princípio da isonomia.

---

14. Gama, Guilherme Calmon Nogueira da. *Comentários ao Código Civil brasileiro*, v. 15; Arruda Alvim e Thereza Alvim (coord.). Rio de Janeiro: Forense, 2005, p. 353.

Em acréscimo a isso, cabe observar que a família unipessoal é uma realidade social. Em conseqüência disso e em respeito ao princípio da força normativa da Constituição, deve a norma constitucional conformar-se a essa realidade, privilegiando a interpretação que lhe garanta maior eficácia e amplitude.

Nesse sentido, Martha Minow, na antologia intitulada *Family Matter*,[15] relaciona como entidade familiar a família unipessoal, que não pode ser discriminada, deixando de constar do elenco das possíveis formações familiares.

O segundo aspecto, amplamente aceito pela doutrina e pela jurisprudência, diz respeito ao direito fundamental à moradia, que tem sido fator determinante para o acolhimento da aplicabilidade do instituto do bem de família na proteção do indivíduo.

Como já anteriormente observado, o direito à moradia é bem não patrimonial inerente à pessoa humana e, em razão disso, é irrenunciável e indisponível, sendo elemento indispensável ao desenvolvimento psicofísico do ser humano.

Tal direito da personalidade, fruto da dignidade da pessoa humana, compõe o que se convencionou chamar mínimo existencial, sem o qual não se pode assegurar uma vida condigna.

Em razão de sua importância e indispensabilidade, o direito à moradia foi incluído no rol dos direitos fundamentais sociais elencados no art. 6º da Constituição Federal de 1988, ganhando força e *status* de núcleo material da Lei Maior.

Assim, todas as normas anteriores devem ser interpretadas à luz do que preceitua a Constituição quanto ao direito à moradia, devendo o legislador ficar vinculado à concretização e à proteção desse direito.

Desse modo, o direito à moradia foi elevado a parâmetro de interpretação, integração e subsunção das demais normas jurídicas constitucionais e infraconstitucionais, produzindo a releitura do Direito Privado, de modo a dar-lhe uma visão constitucional social.

Em face do exposto, é forçosa a interpretação teleológica dos dispositivos legais referentes ao bem de família para acolher a possi-

---

15. Minow, Martha. *Family matters. Readings on familiy lives and the law*. New York: The New Press, 1993, p. 19-21.

bilidade de sua aplicação ao resguardo da residência do indivíduo solitário, em respeito ao direito fundamental à moradia e, em última análise, ao princípio da dignidade da pessoa humana.

Na jurisprudência, existe, ainda, alguma vacilação, mas vem ganhando corpo o entendimento segundo o qual o conceito de entidade familiar deve abranger a pessoa solteira que vive sozinha, assim como a separada ou a viúva, para os fins da proteção decorrente da Lei nº 8.009/1990. É o que se pode constatar pelos julgados coligidos a seguir:

> CIVIL – IMÓVEL – IMPENHORABILIDADE. A Lei nº 8.009/1990, no art. 1º, precisa ser interpretada consoante o sentido social do texto. Estabelece limitação à regra draconiana de o patrimônio do devedor responder por suas obrigações patrimoniais.
>
> O incentivo à casa própria busca proteger as pessoas, garantindo-lhes o lugar para morar. Família, no contexto, significa instituição social de pessoas que se agrupam, normalmente por laços de casamento, união estável, ou descendência. Não se olvidem ainda os ascendentes. Seja o parentesco civil, ou natural. Compreende ainda a família substitutiva. Nessa linha, conservada a teleologia da norma, o solteiro deve receber o mesmo tratamento. Também o celibatário é digno dessa proteção. E mais. Também o viúvo, ainda que seus descendentes hajam constituído outras famílias, e como, normalmente acontece, passam a residir em outras casas. *Data vênia*, a Lei nº 8.009/1990 não está dirigida a número de pessoas. Ao contrário – à pessoa. Solteira, casada, viúva, desquitada, divorciada, pouco importa. O sentido social da norma busca garantir um teto para cada pessoa. Só essa finalidade, *data vênia*, põe sobre a mesa a exata extensão da lei. Caso contrário, sacrificar-se-á a interpretação teleológica para prevalecer a insuficiente interpretação literal (REsp 182.223-SP, Rel. Min. Vicente Cernicchiaro, julgado em 18/08/1999).
>
> VOTO-VENCEDOR – O MINISTRO RUY ROSADO DE AGUIAR (Relator):

O r. Acórdão tem a seguinte fundamentação, na parte que nos interessa: "Para fazer jus ao benefício da impenhorabilidade, é indispensável que o imóvel sirva de residência para o casal ou entidade familiar, não atendendo tais pressupostos quem é solteiro, viúvo" (fl. 122). Neste Tribunal, depois de inicial divergência, firmou-se o entendimento de que o bem residencial de pessoa solteira ou viúva tem a imunidade prevista na Lei nº 8.009/1990 (REsp 182223/SP, Sexta Turma; EDREsp 276.004/SP e REsp 253.854/SP, Terceira Turma; REsp 159851/SP e REsp 218377/ES, Quarta Turma).

Mais recentemente, a col. Corte Especial confirmou a impenhorabilidade do imóvel residencial da pessoa solteira: "Processual – Execução – Impenhorabilidade – Imóvel – Residência – Devedor solteiro e solitário – Lei nº 8.009/1990. – A interpretação teleológica do art. 1º revela que a norma não se limita ao resguardo da família. Seu escopo definitivo é a proteção de um direito fundamental da pessoa humana: o direito à moradia. Se assim ocorre, não faz sentido proteger quem vive em grupo e abandonar o indivíduo que sofre o mais doloroso dos sentimentos: a solidão.

– É impenhorável, por efeito do preceito contido no art. 1º da Lei nº 8.009/1990, o imóvel em que reside, sozinho, o devedor celibatário" (EDREsp 182223/SP).

EXECUÇÃO – IMPENHORABILIDADE – IMÓVEL RESIDENCIAL – DEVEDOR SEPARADO JUDICIALMENTE QUE MORA SOZINHO.

– Com a separação judicial, cada ex-cônjuge constitui uma nova entidade familiar, passando a ser sujeito da proteção jurídica prevista na Lei nº 8.009, de 29/3/1990 (REsp 218377/ES, Rel. Min. Barros Monteiro, Revista do STJ nº 143 – julho de 2001).

EXECUÇÃO. Penhora. Bem de família. Viúva. É impenhorável o imóvel residencial de pessoa solteira ou viúva. Lei nº 8.009/1990. Precedentes. Recurso conhecido e provido. (REsp 420.086-SP, Rel. Min. Ruy Rosado de Aguiar, julgado em 27/08/2002).

PROCESSUAL – EXECUÇÃO – IMPENHORABILIDADE – IMÓVEL – RESIDÊNCIA – DEVEDOR SOLTEIRO E SOLITÁRIO – LEI Nº 8.009/1990

– A interpretação teleológica do art. 1º da Lei nº 8.009/1990 revela que a norma não se limita ao resguardo da família. Seu escopo definitivo é a proteção de um direito fundamental da pessoa humana: o direito à moradia. Se assim ocorre, não faz sentido proteger quem vive em grupo e abandonar o indivíduo que sofre o mais doloroso dos sentimentos: a solidão.

– É impenhorável, por efeito do preceito contido no art. 1º da Lei nº 8.009/1990, o imóvel em que reside, sozinho, o devedor celibatário (Corte Especial, REsp 182.223 – SP, Rel. Min. Humberto Gomes de Barros, Julgado em 06 de fevereiro de 2002, *DJ* 07/04/2003).

VOTO-VENCEDOR – MINISTRO HUMBERTO GOMES DE BARROS:

– O acórdão recorrido declarou impenhorável, por efeito da Lei nº 8.009/1990, o imóvel onde reside, sozinho, o executado (ora embargado). Já o acórdão paradigma afirma que o conceito de família não é a pessoa que mora sozinha. Para este último aresto, família é um tipo de associação de pessoas. Na origem de tal divergência está o art. 1º da Lei nº 8.009/1990, a dizer que:

O imóvel residencial do próprio casal ou da entidade familiar, é impenhorável e não responderá por qualquer tipo de dívida civil, comercial, fiscal, previdenciária ou de outra natureza, contraída pelos cônjuges ou pelos pais ou filhos que sejam seus proprietários e nele residam, salvo nas hipóteses previstas nesta Lei. O acórdão embargado está resumido nestas palavras: RESP – CIVIL – IMÓVEL – IMPENHORABILIDADE. A Lei nº 8.009/1990 do art. 1º precisa ser interpretada consoante o sentido social do texto. Estabelece limitação à regra draconiana de o patrimônio do devedor responder por suas obrigações patrimoniais. O incentivo à casa própria as pessoas, garantido-lhes o lugar para morar. Família, no contexto, significa instituição social de pessoas que se agrupam, normalmente por laços de casamento, união estável, ou descendência. Não se olvidem ainda os ascendentes. Seja o parentesco civil, ou natural. Compreende ainda a família substitutiva. Nessa linha, conservada a teleologia da norma, o solteiro deve receber o mesmo tratamento. Também o celibatário é digno dessa proteção. E mais. Também o viúvo, ainda que seus descendentes hajam constituído outras famílias, e como, normalmente acontece, passem a residir em outras casas. *Data venia*, a Lei nº 8.009/1990 não está dirigida a número de pessoas. Ao contrário – à pessoa. Solteira, casada, viúva, desquitada, divorciada, pouco importa. O sentido social da norma busca garantir um teto para cada pessoa. Só essa finalidade, *data venia*, põe sobre a mesa a exata extensão da lei. Caso contrário, sacrificar-se-á a interpretação teleológica para prevalecer a insuficiente interpretação literal. Esse dispositivo formou-se na linha de interpretação ampliativa que o Superior Tribunal de Justiça desenvolve sobre o art. 1º acima transcrito. Como registra o eminente Ministro Relator, nossa jurisprudência declara sob o abrigo da impenhorabilidade, a residência: a) da viúva, sem filhos (REsp 276.004/Menezes Direito); b) de pessoa separada judicialmente (REsp 218.377/Barros Monteiro); c) irmãos solteiros (REsp 57.606/Alencar).

Esses três exemplos, lembrados pelo Ministro Relator, indicam a percepção de que o legislador, ao utilizar a expressão "entidade familiar" não se referiu à família coletiva, mas àqueles entes que a integram (irmãos solteiros) ou dela são remanescentes (viúva ou divorciado).

De fato, não teria sentido livrar de penhora a residência do casal e submeter a essa constrição a casa, onde um dos integrantes do casal continua a morar, após o falecimento de seu cônjuge. A interpretação teleológica do Art. 1º revela que a norma não se limita ao resguardo da família. Seu escopo definitivo é a proteção de um direito fundamental da pessoa humana: o direito à moradia. Se assim ocorre, não faz sentido

> proteger quem vive em grupo e abandonar o indivíduo que sofre o mais doloroso dos sentimentos: a solidão. Ao conduzir a formação do acórdão embargado, o Ministro Vicente Cernicchiaro enxergou, com nitidez, o bem jurídico para cuja proteção foi concebido o art. 1º da Lei nº 8.009/1990. A decisão construída a partir de tal percepção merece nossa homenagem e confirmação.

Como se pode verificar, pelos acórdãos acima destacados e pelo discorrer desse capítulo, bem como de todo o presente trabalho, os argumentos segundo os quais se deve acolher a aplicabilidade do instituto do bem de família na proteção do indivíduo são sólidos, uma vez que estão fincados em princípios basilares como o da dignidade da pessoa humana, da solidariedade e da isonomia. Desse modo, espera-se que a tendência sinalizada pelas recentes decisões dos tribunais evolua no sentido de sua pacificação, para que não reste mais discussão acerca da necessidade de se considerar o indivíduo desvinculado de qualquer grupo como uma das formas de entidade familiar protegidas constitucionalmente, assim como da necessidade de se privilegiar o direito fundamental à moradia, tido como um dos componentes do mínimo existencial para uma vida digna.

CONCLUSÃO

Ao final da análise do instituto do bem de família, pode-se vislumbrar as seguintes conclusões extraídas dos itens anteriores.

O bem de família, originariamente concebido na República do Texas como instrumento de proteção da entidade familiar em face do domínio econômico, reconheceu a impenhorabilidade do imóvel urbano ou rural ocupado pela família, propiciando, assim, um abrigo inatacável pelos credores, em prol da preservação do grupo familiar e da dignidade de seus membros.

Em razão do seu relevante conteúdo social, o instituto foi recepcionado por diversos ordenamentos jurídicos, espalhando-se por praticamente todos os países ocidentais.

Nessa esteira, também no Brasil foi inserido o instituto, sendo implantado pelo Código Civil de 1916 na forma de bem de família convencional ou voluntário.

A Constituição Federal de 1988 trouxe princípios e valores que provocaram uma mudança de interpretação e de aplicação do instituto. Nesse sentido, destacam-se como cláusulas norteadoras dessa nova interpretação a igualdade entre os consortes, a ampliação do conceito de entidade familiar e, principalmente, o direito fundamental à moradia.

O Código Civil de 2002 permitiu a ampliação da incidência do instituto ao englobar valores mobiliários dentro do seu objeto e ampliar a legitimidade para a constituição do benefício, adaptando-se às exigências do texto constitucional, decorrentes dos princípios da igualdade e do pluralismo de modelos familiares, entre outros.

A Lei nº 8.009/1990 representou um grande avanço para o instituto do bem de família, inaugurando a impenhorabilidade do imóvel residencial da entidade familiar, independentemente de qualquer manifestação de vontade.

A inclusão do direito à moradia no art. 6º da Constituição Federal, elevando esse direito à categoria de núcleo material da Lei Maior, gerou um direito subjetivo negativo capaz de exigir do Estado e dos particulares a abstenção de qualquer ato que atente contra essa proteção jurídica e a proibição de retrocesso, no sentido de impedir que sejam revogadas as normas jurídicas já existentes que concretizem essa proteção.

Diante desse quadro, é inegável a sensibilidade do Estado aos percalços econômicos enfrentados pela família brasileira, tendo em vista as diversas adaptações implementadas no instituto do bem de família, seja facilitando-lhe o acesso, seja ampliando seu objeto ou propiciando sua extensão às diversas formas de entidades familiares. A impenhorabilidade outorgada pela Lei nº 8.009/1990 é o instrumento mais representativo dessa política de proteção do grupo familiar e, conseqüentemente, de seus membros, fruto da valoração consolidada na Constituição Federal de 1988.

Finalmente, cumpre salientar que a importância dada às questões existenciais em detrimento das patrimoniais é uma tendência que se pode observar em todo o ordenamento jurídico brasileiro, sendo, inclusive, capitaneada pela atual Constituição. Desse modo, considerando que a família é a célula mais forte do Estado, não poderia ele ficar indiferente aos seus problemas. Assim, nada mais natural do que a utilização do bem de família como instrumento de sacrifício de alguns e de fortalecimento da família brasileira, garantindo mais dignidade a seus membros.

BIBLIOGRAFIA

AINA, Eliane Maria Barreiros. *O fiador e o direito à moradia*. Rio de Janeiro: Lúmen Júris, 2004.

ALCOFORADO, Alexandre Guedes. *Novo Código Civil comentado*. Ricardo Fiúza (coord.). São Paulo: Saraiva, 2002.

ARMELIN, Donaldo. *"Impenhorabilidade do bem de família* (retroeficácia da Lei nº 8.009/1990)." *Jurisprudência brasileira*, v. 170. Curitiba: Juruá, 1993, p. 21-30.

AZEVEDO, Álvaro Villaça. *Bem de família com comentários à Lei nº 8.009/1990*. São Paulo: RT, 2002.

______. *Comentários ao Código Civil*, v. 19; Antonio Junqueira de Azevedo (coord.). São Paulo: Saraiva, 2003.

BALEEIRO, Aliomar. *Direito Tributário brasileiro*. Rio de Janeiro: Forense, 2000.

BARBOSA, Heloisa Helena. "A família na perspectiva do vigente Direito Civil." In: *Bioética, reprodução e gênero na sociedade contemporânea*. Maria Andréa Loyola (org.). Rio de Janeiro: ABEP, 2005.

______. "Família – casamento – união estável. Conceitos e efeitos à luz da Constituição de 1988." *Revista da Faculdade de Direito*, v. 1, nº 1., 1993. Rio de Janeiro: UERJ, 1993.

BARROSO, Luiz Roberto. *O Direito Constitucional e a efetividade de suas normas*. Rio de Janeiro: Renovar, 2002.

BEVILAQUA, Clóvis. *Código Civil comentado*, vol. I. Rio de Janeiro: Francisco Alves, 1956.

BITTAR, Carlos Alberto. *Os direitos da personalidade*. Rio de Janeiro: Forense, 2001.

BRASIL. *Constituição da República Federativa do Brasil*, 1988.

______. *Código Civil: Lei nº 3.071, de 1º de janeiro de 1916*.

_____. *Código Civil: Lei nº 10.406, de 10 de janeiro de 2002.*

_____. Instituto Brasileiro de Geografia e Estatística. *Anuário estatístico do Brasil*. Rio de Janeiro: IBGE, v. 65, 2005.

_____. *Lei nº 8.009, de 29 de março de 1990.*

CALLAGE, Carlos. *Inconstitucionalidade da Lei nº 8.009, de 29 de março de 1990 (impenhorabilidade do imóvel residencial)*. São Paulo: RT, 1990.

CANOTILHO, José Joaquim Gomes. *Direito Constitucional e Teoria da Constituição*. Coimbra: Almedina, s.d.

_____. *Fundamentos da Constituição*. Coimbra: Coimbra, 1991.

CARBONERA, Silvana Maria. "O papel jurídico do afeto nas relações de família." In: *Repensando fundamentos do direito civil contemporâneo*. Luiz Edson Fachin (coord.). Rio de Janeiro: Renovar, 1998.

CASTRO, Américo Mendes de Oliveira e. "Bem de família." In: *Repertório enciclopédico do Direito brasileiro*. Rio de Janeiro: Borsoi,1947.

CENEVIVA, Walter. *Lei dos Registros Públicos comentada*. São Paulo: Saraiva, 1983.

COELHO, Ferreira. *Código Civil dos Estados Unidos do Brasil*. Rio de Janeiro: (s. n.), 1924.

CREDIE, Ricardo Arcoverde. *Bem de família: teoria e prática*. São Paulo: Saraiva, 2004.

CUNHA, J. S. Fagundes. *Bem de família: comentários à Lei nº 8.009/1990*. Curitiba: Juruá, 1992.

CZAJKOWSKI, Rainer. *A impenhorabilidade do bem de família: comentários à Lei nº 8.009/1990*. Curitiba: Juruá, 1992.

DIAS, Maria Berenice. *Conversando sobre o direito das famílias*. Porto Alegre: Livraria do Advogado, 2004.

DINIZ, Maria Helena. *Curso de Direito Civil brasileiro, Teoria geral do Direito Civil*. São Paulo: Saraiva, 1988.

ESPÍNOLA, Eduardo. *A família no Direito Civil brasileiro*. Campinas: Bookseller, 2001.

_____. *A Lei de Introdução ao Código Civil brasileiro*. Rio de Janeiro: Renovar, 1999.

_____. *Breves anotações ao Código Civil brasileiro*, v. I. Bahia: Joaquim Ribeiro, 1918.

ENGELS, Friedrich. *A origem da família, da propriedade privada e do Estado*. Rio de Janeiro: Vitória, 1960.

FACHIN, Luiz Edson. *Estatuto jurídico do patrimônio mínimo*. Rio de Janeiro: Renovar, 2001.

FACHIN, Rosana Amara Girardi. *Em busca da família do novo milênio*. Rio de Janeiro: Renovar, 2001.

FARIAS, Cristiano Chaves de. "Direito Constitucional à família." *Revista Brasileira de Direito de Família*, ano VI, nº 3, abr-mai 2004. Belo Horizonte: Síntese, 2004.

FERREIRA, Olavo Augusto Vianna Alves. "O Direito Constitucional à moradia e os efeitos da Emenda Constitucional nº 26/2000." In: *Cadernos do Ministério Público do Paraná*, v. 3, nº 6. Curitiba: Ministério Público do Paraná, ago 2000.

FIORANELLI, Ademar. *Direito Registral Imobiliário*. Porto Alegre: Safe, 2001.

FRANCO, J. Nascimento, GONDO, Nisske. *Condomínio em edifícios*. São Paulo: RT, 1987.

FREIRE, Milcíades Maria de Sá. *Manual do Código Civil brasileiro*, v. II. Rio de Janeiro: Jacintho Ribeiro dos Santos, 1930.

FREYRE, Gilberto. *Casa Grande & Senzala*. São Paulo: Global Editora, 2005.

GAMA, Guilherme Calmon Nogueira da. *Comentários ao Código Civil brasileiro*, v. 15; Arruda Alvim e Thereza Alvim (coord.). Rio de Janeiro: Forense, 2005.

GARCIA, Edinês Maria Sormani. *Direito de família: princípio da dignidade da pessoa humana*. São Paulo: LED, 2003.

GLANZ, Semy. *A família mutante – sociologia e Direito Comparado: inclusive o novo Código Civil*. Rio de Janeiro: Renovar, 2005.

GLENDON, Mary Ann. *The Transformation of family law*. Chicago: The University of Chicago Press, 1989.

GONÇALVES, Carlos. *Impenhorabilidade do bem de família*. Porto Alegre: Síntese, 1992.

GUASTAVINO, Elias P. *Derecho de familia patrimonial – bien de familia*. Buenos Aires: Bibliografica Omeba, 1962.

KARAM, Munir. "Da nova impenhorabilidade dos bens residenciais." *Revista dos Tribunais*, ano 79, v. 659. São Paulo: RT, 1990.

LEAL, Rosemiro Pereira. "Processo e eticidade familiar constitucionalizada." In: *Afeto, ética, família e novo Código Civil*. Rodrigo da Cunha Pereira (coord.). Belo Horizonte: Del Rey, 2004.

LIMA, Rogério Medeiros Garcia de. "Da irretroatividade da Lei nº 8.009/1990." *Revista dos Tribunais*, ano 80, v. 669. São Paulo: RT, nov. 1999.

LIRA, Ricardo Cesar Pereira. "Direito à habitação e direito de propriedade." *Revista da Faculdade de Direito da Universidade do Estado do Rio de Janeiro*, nº 6/7. Rio de Janeiro: UERJ, 1998/1999.

LÔBO, Paulo Luiz Netto. "Entidades familiares constitucionalizadas: para além do numerus clausus." *Revista Brasileira de Direito de Família*, nº 12, jan-mar 2003. Belo Horizonte: Síntese, 2003.

______. "Repersonalização das famílias." *Revista Brasileira de Direito de Família*, ano VI, nº 24, jun-jul 2004. Belo Horizonte: Síntese, 2004.

LOPES, Miguel Maria de Serpa. *Tratado dos registros públicos*, v. II. Rio de Janeiro: Freitas Bastos, 1996.

MAGRIN, Andréia Mara de Oliveira. "Direitos humanos: alguns aspectos históricos, jurídicos e econômicos-políticos de direitos individuais, direitos coletivos e direitos difusos." In: *Os direitos humanos e o direito internacional*. Rio de Janeiro: Renovar, 1999.

MARINONI. Luiz Guilherme. "Considerações acerca dos embargos de terceiro possuidor à penhora e da impossibilidade de expropriação do bem de família já penhorado quando da edição da Lei nº 8.009/1990." *Jurisprudência Brasileira*, v. 162. Curitiba: Juruá, 1991.

MARMITT, Arnaldo. *Bem de família*. Rio de Janeiro: Aide, 1995.

MEIRELLES, Hely Lopes. *Direito de construir*. São Paulo: Malheiros, 2000.

MINOW, Martha. *Family matters. Readings on familiy lives and the law*. New York: The New Press, 1993.

MIRANDA, Francisco Cavalcante Pontes de. *Comentários ao Código de Processo Civil*, v. 3. Rio de Janeiro: Forense, 1949.

______. *Tratado de Direito de Família*, v. I. Campinas: Bookseller, 2001.

MORAES, Alexandre de. *Constituição do Brasil interpretada*. São Paulo: Atlas, 2004.

MORAES, Maria Celina Bodin de. "O princípio da solidariedade." In: *Os princípios da Constituição de 1988*. Rio de Janeiro: Lúmen Júris, 2001.

MOUSNIER, Conceição Aparecida. "A nova família à luz da Constituição Federal, da legislação e do novo Código Civil." *Revista da Emerj*, v. 1, nº 1. Rio de Janeiro: Emerj, 1998.

NALINI, José Renato. "A família brasileira no século XXI." *Revista de Direito Privado*, nº 1, jan-mar 2000. São Paulo: RT, 2000.

NOGUEIRA, Antonio de Pádua Ferraz. "Fundamentos sociojurídicos do bem de família (Lei nº 8.009/1990)." *Revista dos Tribunais*, ano 82, v. 691. São Paulo: RT, mai 1993.

OSÓRIO, Letícia Marques. "Direito à moradia adequada na América Latina." In: *Direito à moradia e segurança da posse no Estatuto da Cidade*. Belo Horizonte: Fórum, 2004.

OSÓRIO, Luiz Carlos. *Família hoje*. Porto Alegre: Artes Médicas, 1996.

PARECER nº 279 da CCJC sobre a PEC nº 28, publicado no *Diário do Senado Federal* em 24/05/1997.

PEREIRA, Caio Mário da Silva. *Direito Civil – alguns aspectos de sua evolução*. Rio de Janeiro: Forense, 2001.

_____. *Instituições de Direito Civil*, v. 1. Rio de Janeiro: Forense, 1999.

PERLINGIERI, Pietro. *Perfis do Direito Civil*. Rio de Janeiro: Renovar, 2002.

RAMOS NETO, Durval. "A constitucionalidade do art. 6º da Lei nº 8.009/1990", de 29/03/1991. *Revista OAB-Bahia*, ano 5, nº 2. Salvador: OAB-Bahia, nov. 1992.

REIS, Antonio Marques dos. *Manual do Código Civil brasileiro*. Rio de Janeiro: J. Ribeiro dos Santos, 1929.

ROSAS, Roberto. "Direito intertemporal processual." *Revista dos Tribunais*, ano 71, v. 559. São Paulo: RT, 1982.

SANTOS, J. M. de Carvalho. *Código Civil brasileiro interpretado*. São Paulo: Freitas Bastos, 1953.

SANTOS, Marcione Pereira dos. *Bem de família: voluntário e legal*. São Paulo: Saraiva, 2003.

SARLET, Ingo Wolfgang. "Direitos fundamentais sociais, mínimo existencial e direito privado: breves notas sobre alguns aspectos da possível eficácia dos direitos sociais nas relações entre particulares." In: *Direitos fundamentais: estudos em homenagem ao professor Ricardo Lobo Torres*. Rio de Janeiro: Renovar, 2006.

_____. *Eficácia dos direitos fundamentais*. Porto Alegre: Livraria do Advogado, 2005.

SCHMIDT JUNIOR, Roberto Eurico. "A impenhorabilidade do bem de família: comentário à Lei nº 8.009/1990, em caso de penhora incidente sobre direitos decorrentes de escritura pública de compra e venda de imóvel não lavrada a registro." *Revista Jurídica*. Curitiba, ano 8, nº 6, 1992.

SCHREIBER, Anderson. "Direito à moradia como fundamento para impenhorabilidade do imóvel residencial do devedor." In: *Diálogos sobre Direito Civil: construindo racionalidade contemporânea*. Rio de Janeiro: Renovar, 2002.

SILVA, De Plácido e. *Vocabulário Jurídico*. Rio de Janeiro: Forense, 2003.

SILVA, Enio Moraes da. *Considerações críticas sobre o novo bem de família (doutrina e jurisprudência)*. Curitiba: Juruá, 1993.

SILVA, José Afonso da. *Aplicabilidade das normas constitucionais*. São Paulo: Malheiros, 1998.

SOUZA, Sérgio Iglesias Nunes de. *Direito à moradia e de habitação*. São Paulo: RT, 2004.

STÁBILE FILHO, José. "Bem de família e execução." *Revista dos Tribunais*, ano 80, v. 669. São Paulo: RT, 1991.

TELES JÚNIOR, Goffredo. *Direito quântico, ensaio sobre o fundamento da ordem jurídica*. São Paulo: Max Limonad, 1980.

TEPEDINO, Gustavo, *apud* GODOY, Luciano de Souza. *O direito à moradia e o contrato mútuo imobiliário*. Rio de Janeiro: Renovar, 2002.

TEPEDINO, Gustavo. *Diritto allabitazione e rapporti locatizi*. Tese (Doutorado). Università degli Studi di Camerino, Facoltà di Giurisprudenza Scuola di Perfezionamento in Diritto Civile. Anno Accademico 1984-1985.

______. Editorial. *Revista Trimestral de Direito Civil*, v. 2. Rio de Janeiro: Renovar, abr-jun. 2000.

______. "Premissas metodológicas para a constitucionalização do Direito Civil." In: *Temas de Direito Civil*. Rio de Janeiro: Renovar, 2004.

______. *Temas de Direito Civil*. Rio de Janeiro: Renovar, 2004.

VASCONCELOS, Rita de Cássia Corrêa de. *A impenhorabilidade do bem de família e as novas entidades familiares*. SP: RT, 2002.

VELOSO, Zeno. *Código Civil comentado*, v. XVII; Álvaro Villaça Azevedo (coord.). São Paulo: Atlas, 2003.

VENOSA, Sílvio de Salvo. *Direito Civil*. São Paulo: Atlas, 2003.

VILLELA, João Batista. *Repensando o Direito de Família*. Belo Horizonte: Del Rey, 1999.

WAPLES, Rufus. *A treatise on homestead and exemption*. Chicago: Th Flood 1893.

Outras maneiras fáceis de receber informações sobre nossos lançamentos e ficar atualizado.

- ligue grátis: **0800-265340** (2ª a 6ª feira, das 8:00 h às 18:30 h)
- preencha o cupom e envie pelos correios (o selo será pago pela editora)
- ou mande um e-mail para: **info@elsevier.com.br**

ELSEVIER — EDITORA CAMPUS — NEGÓCIO EDITORA — Alegro

Nome: ______________________________

Escolaridade: ____________ ❑ Masc ❑ Fem Nasc: __/__/__

Endereço residencial: ______________________________

Bairro: ________ Cidade: ________ Estado: ________

CEP: ________ Tel.: ________ Fax: ________

Empresa: ______________________________

CPF/CNPJ: ____________ e-mail: ____________

Costuma comprar livros através de: ❑ Livrarias ❑ Feiras e eventos ❑ Mala direta ❑ Internet

Sua área de interesse é:

❑ **UNIVERSITÁRIOS**
- ❑ Administração
- ❑ Computação
- ❑ Economia
- ❑ Comunicação
- ❑ Engenharia
- ❑ Estatística
- ❑ Física
- ❑ Turismo
- ❑ Psicologia

❑ **EDUCAÇÃO/ REFERÊNCIA**
- ❑ Idiomas
- ❑ Dicionários
- ❑ Gramáticas
- ❑ Soc. e Política
- ❑ Div. Científica

❑ **PROFISSIONAL**
- ❑ Tecnologia
- ❑ Negócios

❑ **DESENVOLVIMENTO PESSOAL**
- ❑ Educação Familiar
- ❑ Finanças Pessoais
- ❑ Qualidade de Vida
- ❑ Comportamento
- ❑ Motivação

ELSEVIER — EDITORA CAMPUS — NEGÓCIO EDITORA — Alegro

Cartão Resposta
050120048-7/2003-DR/RJ
Elsevier Editora Ltda
CORREIOS

CARTÃO RESPOSTA
Não é necessário selar

O SELO SERÁ PAGO POR
Elsevier Editora Ltda

20299-999 - Rio de Janeiro - RJ

Impresso nas oficinas da
SERMOGRAF - ARTES GRÁFICAS E EDITORA LTDA.
Rua São Sebastião, 199 - Petrópolis - RJ
Tel.: (24)2237-3769